Herbstgenuss
mit Kartoffeln, Kohl & Kürbis

Herbstgenuss
mit Kartoffeln, Kohl & Kürbis

Kartoffeln
Seite 10

Inhalt

Kohl
Seite 62

Kürbis
Seite 108

Kartoffeln –
vielseitig und lecker

Die Kartoffel als schmackhafte Quelle lebenswichtiger Nährstoffe ist aus unserem heutigen Speiseplan nicht mehr wegzudenken. Seit ihrer Entdeckung in Südamerika durch die spanischen Eroberer im 16. Jh. erlebte die Knolle in allen Teilen der Welt eine beispiellose Karriere.

Wie Tomaten, Auberginen und Paprika gehören auch Kartoffeln zur Familie der Nachtschattengewächse. Bei der Lagerung der Kartoffeln sollten Sie sich an folgenden Grundsatz halten: Am besten immer dunkel und trocken aufbewahren, sonst bildet sich unter Lichteinfluss das giftige Solanin, das an der Grünverfärbung erkennbar ist.

Die deutsche Kartoffelsaison beginnt Ende Juni mit den frühen Sorten, ab August erhält man dann die mittelfrühen Sorten und im Oktober gelangen die späten Sorten auf den Markt. Das ganze Jahr über sind Kartoffeln aus dem Ausland, meist aus Italien, Spanien und Israel, erhältlich.

Augen auf beim Einkauf

Egal ob Sie klassische Kartoffelsorten wie z. B. Sieglinde, Linda, Adretta und Marabel oder eher unbekanntere Sorten wie Trüffelkartoffel, Cheyenne oder die an Beliebtheit gewinnende Süßkartoffel bevorzugen: Achten Sie beim Kauf auf gute Qualität. Kartoffeln sollten fest, möglichst unbeschä-

Kleines Kartoffel-Einmaleins

■ festkochende Kartoffeln: Sie zeichnen sich durch eine feste Konsistenz aus und eignen sich prima z. B. für Kartoffelsalate, Pell- und Salzkartoffeln.

■ vorwiegend festkochende Kartoffeln: Sie werden beim Kochen mittelfest und können nahezu für alle Zubereitungsarten verwendet werden.

■ mehligkochende Kartoffeln: Sie sind ideal für Püree, Klöße, Knödel oder Folienkartoffeln.

■ Süßkartoffeln: Sie gehören botanisch nicht zu den Kartoffeln, werden aber ähnlich wie diese verwendet.

digt und keinesfalls runzlig sein oder feuchte Stellen aufweisen. Knollen mit grünen Stellen oder weißen Keimansätzen sollten Sie besser liegen lassen.

Da Kartoffeln für ihren hohen Gehalt an Kohlenhydraten bekannt sind, werden sie fälschlicherweise oft als Dickmacher angesehen, denn die Knollen liefern viele Kohlenhydrate. Allerdings machen sie lange satt und enthalten fast kein Fett – dem Kartoffelgenuss steht also nichts im Weg!

Kohl und Kürbis –
vitaminreich und gesund

Der Herbst ist die Zeit des Kohls – Rotkohl, Chinakohl, Weißkohl, Rosenkohl, Blumenkohl, Wirsing oder Grünkohl werden jetzt auf heimischen Feldern frisch geerntet. Während der Kohl in früheren Zeiten als „Arme-Leute-Essen"galt, ist er heute selbst aus der gehobenen Küche kaum noch wegzudenken.

Die verschiedenen Kohlsorten sind allesamt sehr gesund. Sie sind reich an Ballaststoffen und regen damit die Verdauung an. Zahlreiche Vitamine und Mineralstoffe füllen die körpereigenen Reserven auf und wirken sich dadurch positiv auf unsere Gesundheit und unser Immunsystem aus. Generell gilt: Je frischer der Kohl ist, desto mehr Vitamine enthält er.

■ Weißkohl ist der am meisten verzehrte Kohl in Deutschland. Ein Grund dafür ist sicherlich, dass aus ihm das beliebte Sauerkraut hergestellt wird.

■ Kohlrabi ist in Weiß und Violett erhältlich, was durch die unterschiedliche Anbaumethode bedingt ist. Geschmacklich gibt es allerdings keine Unterschiede.

■ Rotkohl wird auch als Blaukraut bezeichnet, hat einen leicht süßlichen Geschmack und enthält sehr viel Vitamin C.

■ Wirsing ist mit 25 kcal pro 100 g besonders kalorienarm.

■ Rosenkohl entfaltet seinen Geschmack nach den ersten Nachtfrösten am besten, dann schmecken die Röschen milder und werden bekömmlicher.

Groß und schwer oder handlich klein, grün, orange oder gestreift: Es gibt kaum ein Gemüse, das in Form, Größe und Farbe so vielfältig ist wie der Kürbis. Umso erstaunlicher ist es, dass der Kürbis botanisch betrachtet die größte Beere der Welt ist – er gehört nämlich, wie Johannis- und Stachelbeeren, zu den Beerenfrüchten.

In der Küche sind Kürbisse wahre Alleskönner. Man kann ihr Fruchtfleisch süß, herzhaft oder sauer zubereiten, gekocht, gebraten, gegrillt oder auch roh essen. Geschmacklich harmonieren Kürbisse mit vielen Obst- und Gemüsesorten, aber auch mit orientalischen Gewürzen wie Curry, Kardamom und Zimt.

Kunterbunte Kürbisvielfalt

■ Butternusskürbis (Butternut): Er besitzt butterweiches Fruchtfleisch mit nur wenigen Kernen und feinnussigem Geschmack.

■ Hokkaido: Er muss nicht geschält werden, denn seine Schale ist dünn und gut verdaulich.

■ Muskatkürbis: Sein Fruchtfleisch ist leuchtend gelb bis orange und schmeckt angenehm süßlich.

■ Patisson: die Nummer eins unter den Feinschmeckern. Er ist ursprünglich eine Kreuzung aus Gurke und Kürbis.

Beim Einkauf sollte man darauf achten, dass die Schale intakt ist und keine Druckstellen aufweist. Klopft man auf den Kürbis, muss er hohl klingen – dann ist er reif.

Kartoffeln

Die tolle Knolle

Kartoffelsalat mit Senfvinaigrette

6 PORTIONEN

700 g kleine speckige Frühkartoffeln, abgebürstet und geviertelt
½ TL Salz
4 Scheiben durchwachsener Putenspeck
1 kleine Zwiebel, gehackt
60 ml Apfelessig
2 EL Zucker
1 EL grober Dijonsenf
1 TL Olivenöl
½ TL Pfeffer
40 g süße Pickles, fein gehackt
40 g rote Paprikaschote, fein gehackt
10 g gehackte glatte Petersilie
Außerdem: Schraubglas

Zubereitungszeit ca. 30 Minuten

1 Kartoffeln in einem großen Topf mit ausreichend Wasser und ¼ TL Salz bei starker Hitze zum Kochen bringen. Hitze auf Mittel zurückschalten und die Kartoffeln etwa 10 Minuten kochen lassen, bis sie gar sind. Abgießen und warm halten.

2 Inzwischen den Speck quer halbieren. In einer beschichteten Pfanne knusprig anbraten. Auf mehreren Schichten Küchenkrepp abtropfen lassen und zerbröckeln. Zwiebeln im Bratfett 7 Minuten goldgelb anschwitzen.

3 Für die Vinaigrette Essig, Zucker, Senf, Öl sowie ¼ TL Salz in ein Schraubglas geben und schütteln. Dann in die Pfanne auf die Zwiebeln gießen. Zum Köcheln bringen. Etwa 2 Minuten köcheln lassen, bis das Aroma frei wird. Kartoffeln, die Hälfte des Specks, die Pickles und die gehackte rote Paprika zufügen. Unter Rühren 2 Minuten kochen lassen, bis die Kartoffeln gleichmäßig mit der Vinaigrette überzogen und heiß sind. Mit der Petersilie und dem restlichen Speck bestreut warm oder zimmerwarm servieren.

Gesundheitstipp

Kartoffeln enthalten reichlich Vitamin C und passable Mengen des B-Vitamins Niacin. Die Schale bietet eine Extraportion Eisen und lösliche Ballaststoffe, die das schädliche Cholesterin senken – also die Knollen nicht schälen.

Lauch-Kartoffel-Cremesuppe

6 PORTIONEN

1 EL Olivenöl
230 g Lauch (nur der weiße Teil),
in dicke Ringe geschnitten
1 große Zwiebel, grob gehackt
800 ml salzarme Hühnerbrühe
450 g Kartoffeln, geschält und in
Würfel geschnitten
¼ TL Salz
¼ TL weißer Pfeffer, gemahlen
80 g saure Sahne
Schnittlauchröllchen zum Garnieren

Zubereitungszeit ca. 60 Minuten

1 In einem großen Topf das Öl heiß werden lassen. Lauch, Zwiebeln und 180 ml Hühnerbrühe hinzufügen. Zugedeckt unter häufigem Rühren etwa 10 Minuten kochen, bis das Gemüse weich, aber nicht braun ist. Dann die Kartoffeln untermischen.

2 Die Hälfte der restlichen Brühe (310 ml) dazugießen und aufkochen lassen. Halb zugedeckt etwa 15–20 Minuten köcheln lassen, bis die Kartoffeln gar sind. Den Topf vom Herd nehmen und die Suppe mit dem Stabmixer pürieren.

3 Die restliche Brühe (310 ml) hinzufügen und den Topf wieder auf den Herd stellen. Die Suppe unter Rühren 2–4 Minuten köcheln lassen. Dann die Suppe mit Salz und Pfeffer würzen.

4 Die Suppe vom Herd nehmen und die saure Sahne unterrühren. Die Suppe auf Suppenteller verteilen und mit Schnittlauch bestreut servieren.

Gesundheitstipp

Sowohl Kartoffeln als auch Lauch liefern viel Vitamin C, ein starkes Antioxidans, das die Bildung von Plaques in den Arterienwänden verhindern kann.

Cremige Kartoffel-Mais-Suppe

6 PORTIONEN

3 Scheiben Putenspeck

1 große Zwiebel, gehackt

450 g vorwiegend festkochende Kartoffeln, geviertelt

600 ml salzarme Hühnerbrühe

6 große Maiskolben, Körner ausgelöst, oder 600 g TK-Maiskörner

18 quadratische Cracker, Seitenlänge 5 cm, zerbröselt

600 ml fettarme Milch (1,5 % Fett)

½ TL Salz

¼ bis ½ TL rote Chilisoße

1 EL gehackte Petersilie

Zubereitungszeit ca. 65 Minuten

1 Speck in beschichtetem Topf bei mittelhoher Hitze knusprig braten. Mit Schaumlöffel zum Abfetten auf einige Schichten Küchenkrepp legen; zerbröckeln. Zwiebel im Bratfett 5 Minuten unter Rühren braten. Kartoffeln sowie Brühe zufügen. Aufkochen, Hitze auf Mittel zurückschalten. Kartoffeln in 20 Minuten weich köcheln.

2 Wenn frische Maiskörner verwendet werden sollen, die Kolben aufrecht hinstellen und Körner mit einem Brotmesser abschneiden (Sie benötigen 400 g). TK-Maiskörner in einem Sieb unter warmes Wasser halten und abtropfen lassen. Crackerbrösel in einer Schüssel mit der Milch verrühren und etwa 5 Minuten stehen lassen, bis sie weich sind.

3 Inzwischen mit einem Mixstab die Hälfte der Kartoffeln im Topf pürieren oder in eine Küchenmaschine füllen, pürieren und zurück in den Topf geben. Crackermischung, Mais, Salz und Chilisoße unterrühren. 10 Minuten kochen, bis Aromen verbunden sind. Mit Petersilie und Speck bestreuen.

Gesundheitstipp

Gelbe Maiskörner sind eine hervorragende Quelle für lösliche Ballaststoffe, Vitamin C und Folsäure. Alle drei schützen das Herz.

Spinat-Kartoffel-Gratin mit Roquefortsoße

4 PORTIONEN

800 g vorwiegend festkochende
Kartoffeln
Salz
750 g TK-Blattspinat
25 g Butter in kleinen Stücken,
mehr für die Form
200 g Roquefort
200 ml Milch
125 g Sahne
4 EL trockener Weißwein
2 TL Speisestärke
frisch gemahlener schwarzer Pfeffer
frisch geriebene Muskatnuss
25 g gehackte Walnusskerne

Zubereitungszeit ca. 65 Minuten

1 Die Kartoffeln schälen und in dünne Scheiben schneiden. Salzwasser in einem Topf zum Kochen bringen, die Kartoffeln hineingeben und 10 Minuten vorgaren.

2 Inzwischen in einem zweiten Topf den Spinat nach Packungsangabe auftauen, dabei gelegentlich rühren. Abgießen und in einem Sieb abtropfen lassen.

3 Den Backofen auf 220 °C vorheizen. Eine Gratinform fetten. Die Kartoffeln abgießen. Den Roquefort in Würfel schneiden. Milch und Sahne in einem Topf aufkochen lassen.

4 Den Wein mit der Speisestärke verrühren und in die heiße Milchmischung rühren. 1 Minute unter Rühren köcheln lassen. Die Käsewürfel dazugeben und bei schwacher Hitze unter Rühren auflösen. Die Roquefortsoße mit Salz, Pfeffer und Muskat abschmecken.

5 Die Kartoffelscheiben in der Form verteilen und mit Pfeffer würzen. Den Spinat gut ausdrücken und auf die Kartoffeln schichten. Alles mit der Roquefortsoße bedecken. Die gehackten Walnüsse und die Butterstückchen darauf verteilen. Das Gratin im heißen Ofen (Mitte) etwa 15 Minuten überbacken.

Deftige Kartoffelsuppe

4 PORTIONEN

1 EL Olivenöl
1 große Zwiebel, fein gehackt
3 Knoblauchzehen, gehackt
1 kleine grüne Paprikaschote,
klein geschnitten
280 g Champignons, geviertelt
450 g kleine Kartoffeln, in Scheiben
geschnitten
½ TL Salz
½ TL Hickory-Rauchsalz oder
Liquid Hickory Smoke
¾ TL Salbei, gerebelt
½ TL frisch gemahlener schwarzer
Pfeffer
500 ml Wasser
80 ml fettarme Milch
40 g Sahne
120 g TK-Maiskörner
2 EL Petersilie, frisch gehackt

Zubereitungszeit ca. 55 Minuten

1 Das Öl in einem beschichteten Topf bei mittlerer Hitze erhitzen. Zwiebeln und Knoblauch zugeben und unter Rühren etwa 10 Minuten glasig dünsten.

2 Die Paprikastücke und die Pilze zufügen und etwa 5 Minuten weich kochen, dabei häufig umrühren.

3 Die Kartoffeln mit Salz, Rauchsalz, Salbei, schwarzem Pfeffer und Wasser in den Topf geben und aufkochen lassen. Die Hitze reduzieren, einen Deckel auflegen und die Suppe etwa 15 Minuten köcheln lassen, bis die Kartoffeln weich sind.

4 Milch und Sahne vermischen. Die Maiskörner und das Milchgemisch unterrühren und etwa 3 Minuten mitkochen. Nach Belieben mit Petersilie bestreut servieren.

Kochtipp

Um der Kartoffelsuppe ihren besonders würzigen Geschmack zu geben, kann man sie mit Hickory-Rauchsalz oder dem flüssigen Liquid Hickory Smoke würzen.

Rindfleischtopf mit Kartoffelkruste

4 PORTIONEN

2 TL Olivenöl

4 Schalotten, in feine Ringe geschnitten

6 Knoblauchzehen, gehackt

1 große grüne Paprikaschote, gewürfelt

170 g mageres Rinderhackfleisch

1 EL Chilipulver

1½ TL Koriander, gemahlen

1½ TL Kümmel, gemahlen

400 g Tomatenfruchtfleisch in Stücken, mit Saft

400 g rote Bohnenkerne, abgespült, abgetropft

680 g Kartoffeln, geschält und in dünne Scheiben geschnitten

¾ TL Salz

50 g Koriander, frisch gehackt

Zubereitungszeit ca. 55 Minuten

1 In einer großen beschichteten Pfanne das Öl bei geringer Hitze heiß werden lassen. Schalotten und die Hälfte des Knoblauchs unter Rühren etwa 2 Minuten darin anbraten. Paprikawürfel zugeben, die Hitze erhöhen und die Paprika ebenfalls unter Rühren etwa 5 Minuten weich dünsten.

2 Hackfleisch, Chilipulver, Koriander und Kümmel zugeben und unter gelegentlichem Rühren etwa 2 Minuten anbraten, bis das Fleisch braun ist. Tomaten und Bohnen zufügen und aufkochen lassen. Die Hitze reduzieren und das Gemüse-Fleisch-Gemisch etwa 10 Minuten köcheln lassen.

3 Inzwischen Kartoffeln und restlichen Knoblauch in einem mittelgroßen Topf etwa 10 Minuten in kochendem Wasser garen.

4 Das Kartoffelwasser bis auf etwa 60 ml abgießen. Kartoffeln und Knoblauch salzen und mit dem Kartoffelstampfer zu einem groben Brei zerdrücken. Den frischen Koriander unterrühren.

5 Den Backofen auf 220 °C vorheizen. Die Gemüse-Fleisch-Mischung in eine Auflaufform füllen und den Kartoffelbrei darüber geben. (Das Rezept kann im Voraus zubereitet und im Kühlschrank aufbewahrt werden.) Den Eintopf etwa 15 Minuten überbacken.

Gesundheitstipp

Da bei diesem Eintopf ein Teil des Fleischs durch Bohnen ersetzt wird, erhöht sich der Eiweißgehalt und gleichzeitig wird der Fettgehalt sowie die Menge an gesättigtem Fett gesenkt.

Reibekuchen mit Apfelmus

4 PORTIONEN

1 kg große, vorwiegend
festkochende Kartoffeln
1 Zwiebel
1½ EL Mehl
1 großes Ei (L)
Salz
frisch gemahlener schwarzer Pfeffer
Butterschmalz oder Öl zum Braten
750 g Apfelmus

Zubereitungszeit ca. 30 Minuten

1 Die Kartoffeln schälen und fein reiben. Die Zwiebel schälen, reiben und zu den Kartoffeln geben. Mehl und Ei zur Kartoffel-mischung geben. Mit Salz und Pfeffer kräftig würzen. Den Backofen auf 100 °C vorheizen.

2 In einer großen beschichteten Pfanne etwas Butterschmalz oder Öl erhitzen. Pro Reibekuchen 1½ EL Kartoffelmasse in die Pfanne geben und mit dem Pfannenwender flach drücken.

3 Die Reibekuchen bei mittlerer Hitze etwa 4 Minuten braten, dann wenden und weitere 4 Minuten braten, bis sie schön knusprig sind. Während des Bratens die Pfanne gelegentlich hin und her bewegen, damit sich die Reibekuchen vom Pfannenboden lösen.

4 Die fertigen Reibekuchen auf eine ofenfeste Platte geben und im Backofen warm halten. Aus der restlichen Kartoffelmasse wie beschrieben weitere Reibekuchen braten. Mit Apfelmus servieren.

Kochtipp

Übrige Reibekuchen in eine gefettete ofenfeste Form geben, mit Tomatenscheiben belegen und mit geriebenem Käse bestreuen. Im 220 °C heißen Backofen etwa 10 Minuten überbacken. Als kleine Vorspeise servieren.

Kartoffelsuppe mit Schnittlauch-Schmand

4 PORTIONEN

1 Zwiebel
1 Knoblauchzehe
500 g mehligkochende Kartoffeln
1 EL Öl
100 g gewürfelter Räucherspeck
1 TL getrockneter Majoran
½ TL getrocknetes Liebstöckel
1 Lorbeerblatt
1 l Gemüsebrühe
1 Bund Schnittlauch
150 g Schmand
Salz
frisch gemahlener schwarzer Pfeffer
frisch geriebene Muskatnuss

Zubereitungszeit ca. 25 Minuten

1 Die Zwiebel schälen und würfeln. Den Knoblauch schälen und fein hacken. Die Kartoffeln schälen und in der Küchenmaschine oder auf einer Reibe raspeln.

2 Das Öl in einem Topf erhitzen und den Speck darin 1 Minute braten. Die Zwiebelwürfel und den Knoblauch hinzufügen und glasig braten, die Kartoffeln untermischen und kurz mitbraten.

3 Die Mischung mit Majoran, Liebstöckel und dem Lorbeerblatt würzen. Die Gemüsebrühe dazugießen und aufkochen lassen; etwa 12 Minuten köcheln, bis die Kartoffelraspel weich sind.

4 In der Zwischenzeit den Schnittlauch waschen, in Röllchen schneiden und mit 50 g Schmand verrühren. Das Lorbeerblatt aus der Suppe nehmen.

5 Die Suppe pürieren, dabei den restlichen Schmand untermixen. Mit Salz, Pfeffer und Muskatnuss abschmecken. Die Suppe auf Teller verteilen und mit dem Schnittlauch-Schmand garnieren.

Kochtipp

Für diese Suppe können Sie übrige gegarte Kartoffeln verwenden, das spart außerdem noch Zeit. Die Kartoffeln klein schneiden, in die kochende Brühe geben (Schritt 3) und nur kurz erhitzen. Die Suppe wie in Schritt 5 beschrieben fertigstellen.

Überbackene Schweinesteaks auf Kartoffeln

4 PORTIONEN

600 g Pellkartoffeln (vom Vortag)
4 Schweinerückensteaks
(je etwa 150 g)
Kräutersalz
frisch gemahlener schwarzer Pfeffer
4 EL Öl, mehr für die Form
1 große Gemüsezwiebel
½ TL edelsüßes Paprikapulver
Salz
½ TL getrockneter Majoran
6 Stängel Petersilie
500 g saure Sahne
1 EL Mehl
4 EL trockener Weißwein

Zubereitungszeit ca. 35 Minuten

1 Die Pellkartoffeln schälen und in etwa 1 cm große Würfel schneiden. Das Fleisch trocken tupfen, mit Kräutersalz und Pfeffer würzen.

2 Das Öl in einer Pfanne erhitzen und die Steaks darin bei mittlerer Hitze 5 Minuten anbraten; zwischendurch wenden. Inzwischen die Gemüsezwiebel schälen, halbieren und in Streifen schneiden.

3 Die Steaks aus der Pfanne nehmen und mit ¼ TL Paprikapulver bestäuben. Die Zwiebelstreifen und die Kartoffelwürfel im Bratfett unter gelegentlichem Wenden 5 Minuten braten. Mit Salz, Pfeffer und Majoran würzen.

4 Backofen auf 200 °C vorheizen. Eine Gratinform fetten. Petersilie waschen und trocken schütteln. Blättchen abzupfen und fein hacken. Saure Sahne mit Mehl verquirlen; mit ¼ TL Paprikapulver, Petersilie, Salz und Pfeffer würzen.

5 Die Kartoffel-Zwiebel-Mischung in die Gratinform füllen. Die Steaks mitsamt ausgetretenem Saft darauflegen. Alles mit dem Wein beträufeln, dann mit der Sahnesoße überziehen.

6 Den Auflauf im heißen Ofen (Mitte) 15 Minuten überbacken. Den Ofen auf Grillstufe umschalten und das Ganze noch 3 – 5 Minuten überbacken, bis die Soße leicht gebräunt ist.

Pichelsteiner Eintopf

4 PORTIONEN

2 TL getrockneter Majoran
1 TL getrocknetes Liebstöckel
½ TL Kümmelsamen
frisch gemahlener schwarzer Pfeffer
Salz
2 große Zwiebeln
500 g große, vorwiegend
festkochende Kartoffeln
750 ml Rinderbrühe
3 EL Öl
400 g Rindfleisch (Lende),
in 1,5 cm großen Würfeln
450 g TK-Suppengemüse
4 Stängel Petersilie

Zubereitungszeit ca. 30 Minuten

1 Majoran, Liebstöckel und Kümmel mit 1 TL gemahlenem Pfeffer und 1/2 TL Salz in einer kleinen Schale mischen.

2 Die Zwiebeln schälen, halbieren und in Streifen oder Halbringe schneiden. Die Kartoffeln schälen und in feine Scheiben hobeln.

3 Die Rinderbrühe in einem Topf zum Kochen bringen. In der Zwischenzeit 2 EL Öl in einer großen Kasserolle erhitzen und die Fleischwürfel darin rundum 1 Minute anbraten. Herausnehmen und zugedeckt beiseitestellen.

4 Das restliche Öl (1 EL) in der Kasserolle erhitzen und die Zwiebeln darin anbraten. 1 TL der Würzmischung über die Zwiebeln streuen, die Fleischwürfel daraufgeben und ebenfalls 1 TL Würzmischung darauf verteilen.

5 Die Kartoffelscheiben zum Fleisch in den Topf geben und auf alles 1 TL Würzmischung verteilen. Das gefrorene Suppengemüse darübergeben und mit der restlichen Würzmischung würzen. Die kochend heiße Rinderbrühe daraufgießen. Den Eintopf zugedeckt 12 Minuten bei schwacher Hitze köcheln lassen.

6 Währenddessen die Petersilie waschen und die Blättchen fein hacken. Den Pichelsteiner Eintopf mit der Petersilie bestreuen und servieren.

Lachstopf mit Kartoffeln

4 PORTIONEN

600 g große, vorwiegend
festkochende Kartoffeln
350 g Zucchini
1 Zwiebel
2 EL Öl
1 Lorbeerblatt
650 ml Fischfond oder Gemüsebrühe
150 ml trockener Weißwein
(z. B. Riesling)
600 g Lachsfilet
3 EL Zitronensaft
125 g Sahne
2 EL Mehl
Salz
frisch gemahlener schwarzer Pfeffer
200 g TK-Champignons
4 Stängel Dill

Zubereitungszeit ca. 30 Minuten

1 Die Kartoffeln waschen, schälen und in 1 cm große Würfel schneiden. Die Zucchini waschen und die Enden abschneiden. Die Zucchini halbieren und die Hälften in 1 cm dicke Scheiben schneiden. Die Zwiebel schälen und würfeln.

2 Das Öl in einem Topf erhitzen. Die Zwiebelwürfel darin glasig dünsten, dann Zucchini und Kartoffeln hinzufügen und kurz mitdünsten. Das Lorbeerblatt dazugeben.

3 Fischfond und Wein in den Topf gießen; den Topfinhalt aufkochen und zugedeckt 10 Minuten köcheln lassen.

4 Währenddessen die Lachsfilets in mundgerechte Stücke schneiden und mit 1 EL Zitronensaft beträufeln.

5 Die Sahne mit dem Mehl glatt rühren. Die Sahnemischung in den Sud gießen und das Ganze einmal unter Rühren aufkochen lassen.

6 Die Lachsstücke in den gebundenen Sud geben und bei schwacher Hitze etwa 3 Minuten ziehen lassen. Anschließend die gefrorenen Pilze in die Suppe geben und alles noch 3 Minuten garen.

7 In der Zwischenzeit den Dill waschen und die Spitzen abzupfen. Den Fischtopf mit Salz, Pfeffer und dem restlichen Zitronensaft (2 EL) abschmecken. Auf tiefe Teller oder Schalen verteilen, mit Dill bestreuen und servieren.

Kochtipp

Sie können den Fischtopf statt mit süßer Sahne auch mit saurer Sahne zubereiten. Positiver Nebeneffekt: Sie sparen dabei Kalorien ein.

Kartoffeltarteletts mit Kürbis und Ricotta

4 PORTIONEN

500 g mehligkochende Kartoffeln

400 g Kürbis (z. B. Muskatkürbis)

25 g Butter in Stückchen, mehr für die Form

4 Eier

2 EL Mehl

200 g Ricotta

50 g geriebener Parmesan

Salz

frisch gemahlener schwarzer Pfeffer

3 EL TK-Kräuter, italienisch

25 g Kürbiskerne

Zubereitungszeit ca. 40 Minuten

1 Die Kartoffeln als Pellkartoffeln garen. Inzwischen den Kürbis schälen und entkernen; es sollten etwa 250 g Fruchtfleisch übrig bleiben. Das Kürbisfruchtfleisch mittelfein raspeln.

2 Die Kartoffeln noch heiß schälen und sofort durch die Kartoffelpresse drücken oder zerstampfen. Das Kürbisfruchtfleisch untermischen. Den Backofen auf 220 °C vorheizen. 4 kleine Tarte- oder Gratinformen (je etwa 15 cm Ø) mit Butter fetten.

3 Die Eier trennen. Mehl, Eigelbe, Ricotta und Parmesan unter die Kartoffel-Kürbis-Mischung rühren. Mit Salz, Pfeffer und TK-Kräutern kräftig würzen. Die Eiweiße mit einer Prise Salz zu steifem Schnee schlagen und unter die Kartoffelmasse heben.

4 Die Masse auf die Formen verteilen und glatt streichen. Mit Kürbiskernen bestreuen und mit den Butterstückchen belegen. Die Kartoffeltartelettes im heißen Ofen (unten) 15–20 Minuten backen. Sofort servieren. Nach Belieben mit frischen Kräutern garnieren.

Kartoffelragout mit Kürbis und Hähnchen

4 PORTIONEN

600 g vorwiegend festkochende Kartoffeln
750 ml Hühnerbrühe
300 g Kürbis (z. B. Muskatkürbis)
1 Knoblauchzehe
1 Lorbeerblatt
200 ml trockener Weißwein
200 g Lauch
400 g Hähnchenbrustfilets
Salz
frisch gemahlener schwarzer Pfeffer
1 TL Speisestärke
100 g Sahne
2 TL Mehl
1 TL mittelscharfer Senf
1 TL weißer Balsamico-Essig
gehackte Petersilie zum Bestreuen

Zubereitungszeit ca. 30 Minuten

1 Kartoffeln schälen und in 1 – 2 cm große Stücke schneiden. Brühe mit Kartoffeln in einem Topf aufkochen und zugedeckt 5 Minuten köcheln lassen.

2 Inzwischen den Kürbis schälen und entkernen; es sollen etwa 200 g Fruchtfleisch übrig bleiben. Das Kürbisfruchtfleisch in etwa 1 cm große Stücke schneiden. Knoblauch schälen.

3 Die Kürbisstücke zu den Kartoffelstücken geben. Lorbeerblatt und Knoblauch hinzufügen. Den Wein dazugießen. Alles nochmals aufkochen und zugedeckt 5 Minuten weiterköcheln lassen.

4 Währenddessen den Lauch putzen, waschen und in Ringe schneiden. In den Topf zur Kartoffelmischung geben und alles noch 5 Minuten garen.

5 Hähnchenfleisch trocken tupfen und in Streifen schneiden; salzen, pfeffern und mit Speisestärke bestäuben. In den Topf zu den anderen Zutaten geben und bei schwacher Hitze in etwa 7 Minuten gar ziehen lassen.

6 Die Sahne mit Mehl und Senf verrühren; in die Brühe rühren und 1 Minute unter Rühren köcheln lassen. Das Ragout mit Balsamico-Essig, Salz und Pfeffer abschmecken. Knoblauchzehe und Lorbeerblatt entfernen. Das Gericht auf Teller verteilen, mit Petersilie bestreuen und servieren.

Kartoffelburger mit Ketchup-Dip

4 PORTIONEN

4 vorwiegend festkochende
Kartoffeln (je etwa 175 g)
2 Tomaten
Salz
frisch gemahlener schwarzer Pfeffer
1 TL getrockneter Oregano
4 Scheiben Appenzeller
4 Scheiben Salami
1 EL Olivenöl
2 Frühlingszwiebeln
1 Möhre
50 g abgetropfte Maiskörner (Dose)
100 g Tomatenketchup
½ TL Balsamico-Essig
Außerdem: Backpapier, Rouladennadeln oder Zahnstocher

Zubereitungszeit ca. 30 Minuten

1 Kartoffeln als Pellkartoffeln garen. Tomaten waschen, von Stiel-ansätzen befreien und quer in Scheiben schneiden. Mit Salz, Pfeffer und Oregano bestreuen.

2 Den Backofen auf 220 °C vorheizen. Ein Backblech mit Back-papier belegen. Kartoffeln schälen und längs halbieren. Käse-scheiben in etwa 3 cm breite Streifen schneiden. Salamischeiben je nach Größe halbieren.

3 Vier Kartoffelhälften auf der gewölbten Seite etwas flach schnei-den und mit dieser Seite auf das Blech setzen. Salami-, Tomaten- und Käsescheiben auf die vier Hälften schichten.

4 Die restlichen Kartoffelhälften auf der gewölbten Seite mit Olivenöl bestreichen und mit den Schnittflächen auf die belegten Kartoffelhälften setzen. Die Kartoffeln mit Rouladennadeln fest-stecken und im heißen Ofen (Mitte) etwa 10 Minuten backen.

5 Inzwischen die Frühlingszwiebeln putzen, waschen und fein zerkleinern. Möhre schälen und fein reiben. Frühlingszwiebeln, Möhre und Mais unter den Ketchup mischen. Den Dip mit Balsamico-Essig abschmecken.

6 Die Kartoffel-Burger aus dem Ofen nehmen. Mit dem Ketchup-Dip und einem gemischten Salat servieren.

Feldsalat mit knusprigen Kartoffelwürfeln

4 PORTIONEN

250 g Pellkartoffeln vom Vortag
2 EL Olivenöl
50 g durchwachsener Speck
in Streifen
150 g Feldsalat
2 EL Sonnenblumenkerne
4 EL Apfel-Balsamico-Essig
Salz
frisch gemahlener schwarzer Pfeffer
1 TL mittelscharfer Senf
5 EL Sonnenblumen- oder Rapsöl
1 Schalotte
4 getrocknete Apfelringe

Zubereitungszeit ca. 20 Minuten

1 Die Pellkartoffeln schälen und in knapp 1 cm große Würfel schneiden. Das Olivenöl in einer beschichteten Pfanne erhitzen und die Speckstreifen darin 1 Minute ausbraten.

2 Die Kartoffelwürfel zum Speck geben und in etwa 10 Minuten knusprig braten; dabei gelegentlich wenden und die Pfanne hin und her bewegen.

3 Inzwischen den Feldsalat verlesen, waschen und trocken schleudern. Die Sonnenblumenkerne in einer Pfanne (am besten aus Edelstahl) kurz rösten.

4 Aus Essig, Salz, Pfeffer, Senf und Öl eine Salatsoße rühren. Die Schalotte schälen, würfeln und unter die Soße mischen. Die getrockneten Apfelringe grob zerkleinern.

5 Den Feldsalat auf vier Salatteller verteilen. Sonnenblumenkerne, Apfelstücke und Kartoffelwürfel mitsamt Speckstreifen darüberstreuen. Alles mit der Soße beträufeln; sofort servieren.

Kochtipp

Die Soße mit Kürbiskernöl zubereiten und den Salat mit Kürbiskernen bestreuen. Statt der getrockneten Apfelringe klein gewürfelte getrocknete Aprikosen oder mit etwas Zitronensaft beträufelte frische Apfelwürfel über den Salat streuen.

Überbackene Kartoffeln mit Gemüse und Gorgonzola

4 PORTIONEN

4 mehligkochende Kartoffeln
(je etwa 200 g)
1 kleine Zucchini
1 kleine Möhre
1 Knoblauchzehe
Salz
4 Stängel Basilikum
175 g Gorgonzola oder anderer
Blauschimmelkäse
2 EL Sahne
frisch gemahlener schwarzer Pfeffer
2 EL Olivenöl
20 g Mandelstifte
Außerdem: Backpapier

Zubereitungszeit ca. 30 Minuten

1 Die Kartoffeln waschen, dabei gründlich bürsten. Die Kartoffeln als Pellkartoffeln garen. Inzwischen Zucchini waschen, putzen und mittelfein raspeln. Möhre schälen und mittelfein raspeln.

2 Knoblauchzehe schälen, grob zerkleinern, salzen und fein zerdrücken. Basilikum waschen und die Blättchen in Streifen schneiden.

3 Den Gorgonzola mit einer Gabel zerdrücken. Die Sahne und das geraspelte Gemüse unterrühren. Die Käsecreme mit Knoblauch und Basilikumstreifen würzen, mit Salz und Pfeffer abschmecken.

4 Den Backofengrill vorheizen. Das Backblech mit Backpapier belegen. Die Kartoffeln längs halbieren. Die Schnittflächen mit der Käse-Gemüse-Creme bestreichen und die Kartoffeln auf das Backblech setzen.

5 Die Kartoffeln mit dem Olivenöl beträufeln und mit den Mandelstiften bestreuen. Anschließend im Backofen (Mitte) in etwa 8 Minuten goldgelb überbacken. Sofort anrichten und servieren.

Kochtipp

Wer ofenfeste Portionsformen hat, kann die Kartoffelhälften auch darin gratinieren und in den Formen servieren.

Kartoffelsalat mit Apfel und Matjes

4 PORTIONEN

800 g festkochende Kartoffeln

100 g saure Sahne

100 g Joghurt

2 TL mittelscharfer Senf

1 EL Zitronensaft

2 EL Rapsöl

Salz

frisch gemahlener schwarzer Pfeffer

1 rotschaliger Apfel

100 g Essiggurken

1 kleiner Radicchio

2 EL Sherryessig

3 EL Olivenöl

1 Prise Zucker

1 rote Zwiebel

4 Matjesfilets (je etwa 75 g)

Zubereitungszeit ca. 30 Minuten

1 Die Kartoffeln als Pellkartoffeln garen. Währenddessen aus saurer Sahne, Joghurt, Senf, Zitronensaft und Rapsöl eine Salatsoße rühren. Mit Salz und Pfeffer abschmecken.

2 Den Apfel waschen, in Viertel schneiden und das Kerngehäuse entfernen. Die Apfelviertel in kleine Würfel schneiden und unter die Joghurtsoße mischen. Die Essiggurken in Würfel schneiden.

3 Die Kartoffeln mit kaltem Wasser abschrecken, dann schälen und in Würfel schneiden. Die Kartoffeln mit den Gurkenwürfeln und der Soße mischen. Den Salat bei Zimmertemperatur etwa 10 Minuten ziehen lassen.

4 Inzwischen den Radicchio waschen und die Blätter in Streifen schneiden. Aus Sherryessig und Olivenöl eine Vinaigrette rühren, mit Salz, Pfeffer und Zucker würzen.

5 Die rote Zwiebel schälen, halbieren und in Streifen schneiden. Die Matjesfilets trocken tupfen und in mundgerechte Stücke schneiden.

6 Radicchiostreifen, Matjesstücke und Zwiebeln mit der Vinaigrette mischen. Den Kartoffelsalat anrichten, eine kleine Vertiefung in die Mitte drücken und die Matjes-Radicchio-Mischung in die Vertiefung geben. Den Salat servieren.

Knusprige Kartoffelbällchen mit Mozzarella

4 PORTIONEN

600 g mehligkochende Kartoffeln
100 g Mozzarella
½ Bund Basilikum
½ Bund Rucola
200 g Cocktailtomaten
Salz
frisch gemahlener schwarzer Pfeffer
frisch geriebene Muskatnuss
2 TL getrockneter Oregano
1 EL Mehl, mehr zum Arbeiten
25 g geriebener Parmesan
2 Eigelb
etwa 3 EL Semmelbrösel
Öl zum Ausbacken
Außerdem: Küchenpapier

Zubereitungszeit ca. 30 Minuten

1 Die Kartoffeln als Pellkartoffeln garen. Die Kartoffeln noch heiß pellen und sofort durch die Kartoffelpresse drücken. Die Masse etwas abkühlen lassen.

2 Währenddessen den Mozzarella in etwa 1 cm große Würfel schneiden. Basilikum und Rucola waschen. Basilikumblättchen abzupfen. Vom Rucola die harten Blattstiele entfernen. Cocktailtomaten waschen.

3 Die Kartoffelmasse mit Salz, Pfeffer, Muskat und Oregano würzen. Mehl, Parmesan und Eigelbe hinzufügen. Alles rasch mit den Händen zu einem Teig verkneten.

4 Den Teig in 20 Portionen teilen. Jede Portion mit bemehlten Händen etwas flach drücken, die Mozzarellawürfel damit umhüllen und den Teig zu Bällchen formen.

5 Die Semmelbrösel in einen tiefen Teller geben. Die Bällchen portionsweise darin wälzen, bis sie von den Bröseln umhüllt sind.

6 Das Öl in einer Fritteuse oder einer Pfanne mit hohem Rand erhitzen. Die Bällchen darin portionsweise in 3 – 4 Minuten knusprig frittieren. Anschließend herausheben und auf Küchenpapier abtropfen lassen.

7 Die Kartoffelbällchen mit den Cocktailtomaten auf Tellern anrichten; mit Rucola und Basilikum garnieren. Sofort servieren.

Kartoffel-Zucchini-Püree mit Kalbsgeschnetzeltem

4 PORTIONEN

800 g mehligkochende Kartoffeln
Salz
250 g Zucchini
75 g Gewürzgurken
2 Frühlingszwiebeln
500 g Kalbsgeschnetzeltes
2 EL Öl
frisch gemahlener schwarzer Pfeffer
1 TL getrockneter Thymian
50 ml trockener Weißwein
50 ml Kalbsfond (Glas) oder Brühe
150 g Crème fraîche
1 TL mittelscharfer Senf
50 g Kräuterbutter

Zubereitungszeit ca. 30 Minuten

1 Kartoffeln schälen, in Stücke schneiden und in einen Topf geben. Salzen und mit Wasser bedecken. Zugedeckt aufkochen lassen und die Kartoffeln etwa 10 Minuten garen.

2 Inzwischen die Zucchini waschen, putzen und in knapp 1 cm dicke Scheiben schneiden; große Zucchini vorher längs halbieren. Zu den Kartoffeln geben und alles zusammen noch 10 Minuten garen. Die Gewürzgurken fein würfeln. Die Frühlingszwiebeln putzen, waschen und fein zerkleinern.

3 Die Fleischstreifen trocken tupfen. Das Öl in einer Pfanne erhitzen und das Fleisch darin etwa 3 Minuten anbraten; zwischendurch wenden. Mit Salz, Pfeffer und Thymian würzen. Aus der Pfanne auf einen Teller heben.

4 Wein, Fond oder Brühe und 100 g Crème fraîche in die Pfanne geben und unter Rühren einmal aufkochen lassen. Den Senf untermischen.

5 Kartoffeln und Zucchini abgießen. Im Topf mit dem Kartoffelstampfer zerdrücken. Restliche Crème fraîche (50 g) und die Kräuterbutter unter die Kartoffel-Zucchini-Masse rühren. Fleischstreifen und Frühlingszwiebeln in die Soße in der Pfanne geben und kurz erhitzen.

6 Die Essiggurken unter das Kartoffel-Zucchini-Püree rühren. Mit Salz und Pfeffer abschmecken. Auf vorgewärmten Tellern anrichten, in die Mitte eine Vertiefung drücken und das Geschnetzelte mit Soße hineingeben. Sofort servieren.

Kartoffelgulasch mit Debrecziner

4 PORTIONEN

2 Zwiebeln
2 Knoblauchzehen
800 g große, vorwiegend festkochende Kartoffeln
1 EL Schweineschmalz
1 EL edelsüßes Paprikapulver
½ TL rosenscharfes Paprikapulver
1 Lorbeerblatt
250 ml Rinder- oder Gemüsebrühe
400 g gehackte Tomaten (Dose)
1 grüne Paprikaschote
200 g Debrecziner oder andere
würzige Brühwurst
Salz
frisch gemahlener schwarzer Pfeffer
1 TL Weinessig
1 EL Tomatenpesto
Paprikapulver zum Bestreuen
4 EL saure Sahne

Zubereitungszeit ca. 30 Minuten

1 Die Zwiebeln schälen und würfeln. Den Knoblauch schälen und fein hacken. Die Kartoffeln schälen und in etwa 2 cm große Stücke schneiden.

2 Das Schweineschmalz in einem Topf erhitzen. Zwiebeln mit Knoblauch darin glasig dünsten. Kartoffelwürfel dazugeben und kurz mitdünsten. Mit edelsüßem und scharfem Paprikapulver sowie dem Lorbeerblatt würzen.

3 Brühe und Tomaten zur Kartoffelmischung geben und alles aufkochen lassen, dabei gelegentlich rühren. Zugedeckt 10 Minuten köcheln lassen.

4 Die Paprikaschote putzen, waschen, in Streifen schneiden und zu den Kartoffeln geben. Alles noch 15 Minuten garen, bis die Kartoffeln weich sind. Inzwischen die Wurst in Scheiben schneiden, die Wurstscheiben zur Kartoffelmischung geben und darin erhitzen.

5 Das Kartoffelgulasch mit Salz, Pfeffer, Weinessig und Tomatenpesto abschmecken, mit Paprikapulver bestreuen und die saure Sahne dazu servieren.

Kochtipp

Das Kartoffelgulasch kann prima 1–2 Tage im Voraus zubereitet werden. Nach dem Erhitzen nochmals abschmecken.

Kartoffeltopf mit Kabeljau und Fenchel

4 PORTIONEN

600 g vorwiegend festkochende
Kartoffeln
2 Schalotten
1 Knoblauchzehe
3 EL Olivenöl
½ TL Fenchelsamen
400 ml Fischfond
350 ml Gemüsebrühe
1 Lorbeerblatt
4 Zweige Thymian
400 g Fenchelknollen mit Grün
2 Msp. gemahlener Safran
500 g Kabeljaufilets
(am besten Loins/Rückenfilets)
abgeriebene Schale von ½ unbehandelten Zitrone
Salz
frisch gemahlener schwarzer Pfeffer
2 EL Zitronensaft
2 Tomaten
2 Frühlingszwiebeln
Außerdem: Küchenpapier

Zubereitungszeit ca. 30 Minuten

1 Die Kartoffeln schälen, längs halbieren und in etwa 1 cm dicke Scheiben schneiden. Schalotten schälen und würfeln. Knoblauch schälen und hacken.

2 In einem Topf 2 EL Olivenöl erhitzen. Schalotten und Knoblauch darin kurz dünsten. Fenchelsamen und Kartoffeln hinzufügen und kurz mitdünsten. Fischfond und Gemüsebrühe dazugießen. Mit Lorbeer und Thymian würzen. Alles aufkochen und 10 Minuten zugedeckt köcheln lassen.

3 Fenchelknollen putzen (etwas Fenchelgrün aufbewahren), waschen, halbieren und in feine Streifen hobeln oder schneiden. Diese mit dem Safran zur Kartoffelmischung geben. Alles noch 5 Minuten zugedeckt köcheln lassen.

4 Die Fischfilets mit Küchenpapier trocken tupfen und in mundgerechte Stücke schneiden. Mit Zitronenschale, Salz und Pfeffer würzen sowie mit 1 EL Zitronensaft beträufeln.

5 Tomaten waschen, von den Stielansätzen befreien und in Würfel schneiden. Fischstücke und Tomatenwürfel unter die Kartoffelmischung rühren; 5 Minuten ziehen lassen, bis der Fisch gar ist.

6 Frühlingszwiebeln putzen, waschen und in Ringe schneiden. Fenchelgrün zerkleinern. Das Gericht mit Salz, Pfeffer und restlichem Zitronensaft (1 EL) abschmecken. Auf Teller verteilen. Mit Frühlingszwiebeln und Fenchelgrün bestreuen und mit dem restlichen Olivenöl (1 EL) beträufeln.

Kartoffelcurry mit Blumenkohl und Mango

4 PORTIONEN

1 große Zwiebel

2 Knoblauchzehen

2 cm frischer Ingwer (10 g)

800 g mehligkochende Kartoffeln

3 EL Öl

2 TL scharfes Currypulver

400 ml Gemüsebrühe

1 Blumenkohl (600 g)

1 kleine Zimtstange

200 g Kokosmilch

2 Tomaten

Salz

frisch gemahlener schwarzer Pfeffer

1 TL Zitronensaft

50 g getrocknete Mangostücke

Koriandergrün oder Petersilie
zum Garnieren

Zubereitungszeit ca. 30 Minuten

1 Zwiebel schälen und fein würfeln. Knoblauch schälen und fein hacken. Ingwer schälen und fein reiben. Kartoffeln schälen und in knapp 2 cm große Stücke schneiden.

2 Das Öl in einem Topf erhitzen. Die Zwiebelwürfel mit Knoblauch und Ingwer darin glasig dünsten; mit Currypulver würzen. Die Kartoffeln hinzufügen und unter Rühren kurz anbraten. Die Brühe dazugießen. Alles aufkochen und zugedeckt 10 Minuten köcheln lassen.

3 Inzwischen die Röschen vom Blumenkohl ablösen, putzen und waschen. Blumenkohlröschen, Zimtstange und Kokosmilch zu den Kartoffeln in den Topf geben und alles zugedeckt noch etwa 10 Minuten garen.

4 Die Tomaten waschen, von den Stielansätzen befreien und würfeln. Unter das Kartoffelcurry mischen. Das Gericht mit Salz, Pfeffer und Zitronensaft abschmecken. Noch etwa 5 Minuten köcheln lassen, bis Kartoffeln und Blumenkohl weich sind.

5 Die Mangostücke in Streifen schneiden. Unter das Kartoffelcurry mischen und bei schwacher Hitze kurz ziehen lassen. Das Kartoffelcurry anrichten, nach Belieben mit Koriander- oder Petersilienblättchen garnieren.

Kartoffel-Bohnen-Topf mit Kalbfleisch

4 PORTIONEN

2 Zwiebeln
1 Knoblauchzehe
500 g Kalbfleisch (Oberschale),
in 2 cm großen Würfeln
1 EL Butterschmalz
Salz
frisch gemahlener schwarzer Pfeffer
2 TL getrocknetes Bohnenkraut
1 Lorbeerblatt
600 ml Kalbsfond oder Rinderbrühe
600 g vorwiegend festkochende
Kartoffeln
500 g grüne Bohnen (Prinzess-
bohnen, TK)
100 g Crème fraîche
1 EL Estragonessig
Estragon zum Garnieren
(nach Belieben)

Zubereitungszeit ca. 30 Minuten

1 Zwiebeln und Knoblauch schälen. Zwiebeln fein würfeln, Knoblauch fein hacken. Fleisch trocken tupfen. Butterschmalz in einem Topf erhitzen und die Fleischwürfel darin anbraten, dabei gelegentlich wenden.

2 Die Zwiebeln in den Topf geben und kurz mitbraten. Alles mit Salz, Pfeffer und Bohnenkraut würzen, dann Knoblauch und Lorbeerblatt hinzufügen.

3 Fond oder Brühe dazugießen und zum Kochen bringen. Fleisch und Zwiebeln bei schwacher Hitze zugedeckt 10 Minuten schmoren. Inzwischen die Kartoffeln schälen und in etwa 2 cm große Stücke schneiden. Zum Fleisch geben und etwa 20 Minuten mitgaren.

4 Währenddessen etwa 500 ml Wasser aufkochen lassen und salzen. Die gefrorenen Bohnen hineingeben, aufkochen lassen und etwa 7 Minuten garen; in ein Sieb abgießen und abtropfen lassen. Die Bohnen unter Fleisch und Kartoffeln mischen und erhitzen.

5 Die Crème fraîche unterrühren und das Kartoffelgericht mit Estragonessig würzen. Lorbeerblatt entfernen. Eintopf auf tiefe Teller verteilen, mit Estragon nach Belieben garnieren und servieren.

Kochtipp

Der Kartoffeltopf schmeckt auch bestens mit gewürfeltem Hähnchenbrustfilet und Hühnerbrühe anstelle von Kalbfleisch und Kalbsfond bzw. Rinderbrühe.

Tiroler Gröstl mit Schweinefilet

4 PORTIONEN

800 g Pellkartoffeln vom Vortag
(festkochend)
3 rote Zwiebeln
2 EL Butterschmalz
Kräutersalz
frisch gemahlener schwarzer Pfeffer
500 g Schweinefilet
1 TL getrockneter Thymian
2 EL Öl
5 EL Kalbsfond oder Hühnerbrühe
4 Stängel Petersilie
2 EL Kürbiskerne
1 EL Kürbiskernöl (nach Belieben)

Zubereitungszeit ca. 30 Minuten

1 Die Kartoffeln schälen und in etwa 0,5 cm dicke Scheiben schneiden. Die Zwiebeln schälen, halbieren und in Streifen schneiden.

2 Das Butterschmalz in einer großen beschichteten Pfanne mit hohem Rand erhitzen. Kartoffeln und Zwiebeln darin bei mittlerer Hitze in etwa 15 Minuten knusprig braten, dabei gelegentlich wenden. Mit Kräutersalz und Pfeffer würzen.

3 Inzwischen das Schweinefilet trocken tupfen und in knapp 1 cm dicke Scheiben schneiden; große Scheiben in der Mitte halbieren. Das Fleisch auf beiden Seiten mit Kräutersalz, Pfeffer und Thymian würzen.

4 Das Öl in einer zweiten großen beschichteten Pfanne erhitzen und die Fleischscheiben darin bei starker Hitze pro Seite 2 Minuten kräftig braten. Die Filetscheiben unter die Kartoffel-Zwiebel-Mischung in der ersten Pfanne heben.

5 Fond oder Brühe in die zweite Pfanne (in der das Fleisch gebraten wurde) gießen. Den Bratensatz loskochen; zur Kartoffel-Filet-Mischung geben. Alles zugedeckt bei schwacher Hitze etwa 5 Minuten ziehen lassen.

6 Die Petersilie waschen, Blättchen abzupfen und fein hacken. Kürbiskerne in einer Pfanne ohne Fett rösten. Das Gröstl mit Petersilie und Kürbiskernen bestreuen und mit Kürbiskernöl (nach Belieben) beträufeln.

Tortilla mit Zucchini und Paprika

4 PORTIONEN

400 g Pellkartoffeln vom Vortag
(festkochend)
1 Zwiebel
1 Knoblauchzehe
5 EL Olivenöl
200 g Zucchini
1 rote Paprikaschote
Salz
frisch gemahlener schwarzer Pfeffer
1 TL getrockneter Oregano
6 Eier
½ TL edelsüßes Paprikapulver

Zubereitungszeit ca. 30 Minuten

1 Die Kartoffeln schälen und in Scheiben schneiden. Die Zwiebel schälen, halbieren und in feine Streifen schneiden. Knoblauch schälen und fein hacken.

2 In einer großen beschichteten Pfanne 3 EL Olivenöl erhitzen. Die Kartoffelscheiben darin 5 Minuten bei mittlerer Hitze braten, dabei gelegentlich wenden. Zwiebel und Knoblauch hinzufügen; 3 Minuten weiterbraten.

3 Inzwischen die Zucchini waschen, putzen und in kleine Würfel schneiden. Paprikaschote putzen, waschen und in Streifen schneiden. Paprika und Zucchini zu den Kartoffeln in die Pfanne geben. Alles mit Salz, Pfeffer sowie Oregano kräftig würzen und 5 Minuten braten, dabei gelegentlich wenden.

4 Währenddessen die Eier verquirlen und mit Salz, Pfeffer sowie Paprikapulver würzen. Die Kartoffel-Gemüse-Mischung mit dem Pfannenwender leicht zusammendrücken. Die Eier über die Kartoffel-Gemüse-Mischung gießen; in etwa 5 Minuten bei mittlerer Hitze stocken lassen.

5 Die Tortilla vorsichtig wenden, am besten mithilfe eines flachen Tellers oder Deckels, dabei das restliche Öl (2 EL) in die Pfanne geben. Die Tortilla auf der zweiten Seite in etwa 2 Minuten fertigbraten. In vier Portionen teilen und auf Tellern anrichten.

Kohl

Der Vielseitige

Krautfleckerl–Bandnudeln mit Kohl

4 PORTIONEN

600 g Spitzkohl oder junger
Weißkohl
1 große Zwiebel
2 EL Schweineschmalz
1 TL Kümmelsamen
1 EL Zucker
Salz
frisch gemahlener schwarzer Pfeffer
2 EL Apfelessig
etwa 200 ml Fleisch- oder
Gemüsebrühe
400 g breite Eierbandnudeln
200 g Schafskäse (z. B. Feta)
200 g saure Sahne
1 TL edelsüßes Paprikapulver
4 Stängel Dill

Zubereitungszeit ca. 30 Minuten

1 Den Kohl putzen, waschen und in feine Streifen schneiden. Die Zwiebel schälen und würfeln.

2 Das Schmalz in einem weiten Topf erhitzen und die Zwiebel darin glasig dünsten. Kümmel und Zucker 1 Minute miterhitzen.

3 Die Kohlstreifen zur Zwiebel geben und unter Rühren etwa 1 Minute mitbraten. Mit Salz und Pfeffer würzen. Alles mit dem Essig ablöschen. Die Brühe nach und nach dazugießen – immer gerade so viel, dass das Gemüse nicht anbrennt. Die Kohlstreifen zugedeckt etwa 15 Minuten schmoren (sie sollen noch etwas Biss haben).

4 Währenddessen in einem zweiten Topf Wasser mit Salz zum Kochen bringen. Die Bandnudeln darin nach Packungsangabe bissfest garen. Den Schafskäse grob reiben.

5 Die saure Sahne mit dem Paprikapulver verrühren. Den Dill waschen und die Spitzen abzupfen.

6 Die Bandnudeln abgießen, abtropfen lassen und unter die Kohlstreifen mischen. 2 Minuten bei schwacher Hitze ziehen lassen. Die Paprika-Sahne und etwa 150 g Schafskäse unter die Nudeln heben; kurz erhitzen. Mit Salz und Pfeffer abschmecken.

7 Die Krautfleckerl auf vorgewärmte Teller verteilen. Mit dem restlichen Schafskäse und dem Dill bestreuen. Nach Belieben mit etwas edelsüßem Paprikapulver bestäuben; sofort servieren.

Schweinefilet im Wirsingmantel

4 PORTIONEN

½ TL Salz
1 kg Wirsing, geputzt und halbiert
1 großes Schweinefilet (ca. 500 g)
frisch gemahlener schwarzer Pfeffer
2 EL Olivenöl
250 ml trockener Weißwein
100 g magerer Schwarzwälder
Schinken am Stück, in kleine Würfel
geschnitten
1 große Zwiebel, gehackt
4 Knoblauchzehen, geschält
2 Tomaten, geschält und klein
gewürfelt
je 1 Zweig Thymian und Majoran
30 g Mandeln, geschält und gehackt
30 g Pinienkerne
30 g Rosinen
30 g schwarze Oliven, entsteint und
halbiert
200 g Couscous oder Bulgur

Zubereitungszeit ca. 115 Minuten

1 Reichlich Salzwasser in einem großen Topf aufkochen, die Wirsinghälften darin 3 Minuten vorgaren. Herausnehmen, mit eiskaltem Wasser abschrecken und abtropfen lassen.

2 Das Schweinefilet mit Salz und Pfeffer einreiben. In einer großen beschichteten Pfanne 1 EL Olivenöl erhitzen, das Filet darin rundum etwa 5 Minuten braten. Herausnehmen und in 3–4 cm dicke Stücke schneiden. Backofen auf 200 °C vorheizen.

3 Große Wirsingblätter vom Kopf lösen und die Filetstücke darin einwickeln. Eine ofenfeste Form mit Wirsingblättern auslegen, die Wirsingpäckchen daraufgeben. Bratensatz mit 150 ml Weißwein vom Pfannenboden lösen, in die Form gießen, warm stellen.

4 Etwa 1 EL Olivenöl in einer beschichteten Pfanne erhitzen. Nacheinander Schinken, Zwiebel, ganze Knoblauchzehen und Tomatenwürfel darin anbraten. 100 ml Weißwein angießen, alles salzen und pfeffern und die Soße über die Wirsingpäckchen gießen. Die Kräuterzweige zwischen die Päckchen legen; das Gericht im Ofen 40 Minuten schmoren.

5 Die Mandeln in der Pfanne rösten und im Mörser fein zerstoßen. Die Form aus dem Ofen nehmen, Mandeln in die Soße rühren. Pinienkerne und Rosinen in einer kleinen Pfanne kurz rösten, Oliven kurz anbraten. Alles auf die Wirsingpäckchen in der Form streuen, im Ofen noch 10 Minuten schmoren. Couscous oder Bulgur nach Packungsanleitung kochen und dazu servieren.

Schweinemedaillons mit Kohlrabigemüse

4 PORTIONEN

600 g Schweinefilet
500 g Kohlrabi mit Grün
3 EL Rapsöl
2 dünne Lauchstangen oder
4 Frühlingszwiebeln, in Ringen
Salz
150 ml Gemüsebrühe
1 EL Zitronensaft
1 Prise geriebene Muskatnuss
150 g Joghurt
1 TL Speisestärke
1 Bund Petersilie, gehackt
frisch gemahlener schwarzer Pfeffer

Zubereitungszeit ca. 30 Minuten

1 Fleisch trocken tupfen; quer in etwa 2 cm dicke Scheiben schneiden. Kohlrabi putzen und schälen; Blättchen beiseitelegen. Die Knolle auf einem Gurkenhobel in sehr dünne Scheiben schneiden.

2 In einer beschichteten Pfanne 1 EL Öl erhitzen. Lauch oder Frühlingszwiebeln darin unter Rühren 2 Minuten anbraten. Kohlrabischeiben dazugeben. Mit wenig Salz würzen und das Ganze weitere 2 Minuten unter Rühren braten.

3 Brühe zum Gemüse gießen; Zitronensaft und Muskat hinzufügen. Alles zugedeckt bei schwacher Hitze noch mindestens 2 Minuten köcheln lassen. Die Kohlrabischeiben sollen danach knapp gar sein.

4 Joghurt und Speisestärke glatt verrühren, dann unter das Gemüse mischen. Einmal aufkochen lassen, damit die Gemüsesoße etwas andickt. Petersilie unterrühren; Topf vom Herd nehmen.

5 In einer zweiten Pfanne 2 EL Öl erhitzen. Medaillons darin auf jeder Seite 2 – 3 Minuten braten. Pfeffern und salzen. Kohlrabi und Schweinemedaillons auf 4 Teller verteilen. Kohlrabiblättchen in Streifen schneiden und die Portionen damit bestreuen. Dazu passen Salzkartoffeln oder Kroketten.

Gesundheitstipp

Achten Sie beim Kauf von Kohlrabi unbedingt auf frische Blätter und unversehrte Knollen. Die Blätter sind sehr reich an Betakarotin, weshalb sie wie Petersilie zum Schluss über das fertige Gericht gestreut werden sollten.

Kohlrabiauflauf mit Bratwurst

4 PORTIONEN

1 kg Kohlrabi mit zarten Blättchen
Salz
3 Frühlingszwiebeln
300 g Schmand
1 TL Speisestärke
125 g geriebener Gruyère oder
Bergkäse
frisch gemahlener schwarzer Pfeffer
½ TL getrockneter Majoran
1 Msp. gemahlener Koriander
2 EL Olivenöl, mehr für die Form
400 g rohe Bratwurst

Zubereitungszeit ca. 30 Minuten

1 Kohlrabi schälen, halbieren und in etwa 5 mm dicke Stifte schneiden. Die Kohlrabiblättchen beiseitelegen. Salzwasser in einem Topf zum Kochen bringen und die Kohlrabistifte darin zugedeckt 8 Minuten vorgaren.

2 Inzwischen die Frühlingszwiebeln putzen, waschen und fein zerkleinern. Schmand mit Speisestärke glatt rühren. 25 g geriebenen Käse und die Frühlingszwiebeln unterrühren. Schmandcreme mit Salz, Pfeffer, Majoran und Koriander pikant abschmecken.

3 Den Backofen auf 220 °C vorheizen. Eine flache Auflaufform fetten. Kohlrabistifte abgießen und abtropfen lassen. Wurstbrät aus den Hüllen drücken und in mundgerechte Stücke teilen.

4 Die Kohlrabistifte in die Form geben und die Wurststücke darauf verteilen. Alles mit der Schmandcreme bestreichen, mit dem restlichen Käse bestreuen und mit 2 EL Olivenöl beträufeln.

5 Den Auflauf im heißen Ofen (Mitte) etwa 15 Minuten überbacken. Mit den Kohlrabiblättchen garnieren.

Blumenkohlgratin

4 PORTIONEN

1 Blumenkohl (etwa 1 kg)
1 l Gemüsebrühe
1 Zwiebel
2 EL Mehl
200 g Sahne
1 EL Öl, mehr für die Form
Salz
frisch gemahlener schwarzer Pfeffer
frisch geriebene Muskatnuss
½ TL Zitronensaft
125 g geriebener mittelalter Gouda
2 EL Semmelbrösel
1 EL gehackte TK-Petersilie
20 g kalte Butter

Zubereitungszeit ca. 30 Minuten

1 Die Röschen vom Blumenkohl ablösen, putzen und waschen. Die Gemüsebrühe in einem großen Topf zum Kochen bringen. Die Blumenkohlröschen darin in etwa 10 Minuten bissfest garen.

2 Inzwischen die Zwiebel schälen und fein würfeln. Das Mehl mit der Sahne verrühren.

3 Den Backofen auf 220 °C vorheizen. Eine Gratinform fetten. Blumenkohlröschen in einem Sieb abtropfen lassen; die Brühe dabei auffangen.

4 Das Öl im Topf erhitzen und die Zwiebelwürfel darin glasig dünsten. 300 ml Gemüsebrühe dazugießen und aufkochen lassen.

5 Die Mehlsahne in die Brühe rühren und 3 Minuten bei schwacher Hitze unter gelegentlichem Rühren köcheln lassen. Die Soße mit Salz, Pfeffer, Muskat und Zitronensaft abschmecken.

6 Anschließend 50 g geriebenen Gouda unter die weiße Soße rühren. Den restlichen Käse mit Semmelbröseln und Petersilie mischen.

7 Den Blumenkohl mit der Hälfte der Soße mischen; in die Form füllen. Die restliche Soße darübergießen; diese mit der Brösel-mischung und der Butter in Flöckchen bestreuen. Das Gratin im heißen Ofen (Mitte) in etwa 15 Minuten knusprig überbacken.

Kohlrabi-Kräuterquark-Auflauf

4 PORTIONEN

800 g Kohlrabi
Salz
½ Bund Schnittlauch
½ Bund Petersilie
1 Knoblauchzehe
Butter für die Form
500 g Sahnequark
2 Eier
2½ EL gemahlene Braunhirse
1 EL Zitronensaft
Kräutersalz
frisch gemahlener schwarzer Pfeffer
150 g geriebener Bergkäse
30 g Sonnenblumenkerne
gehackte Petersilie zum Bestreuen

Zubereitungszeit ca. 30 Minuten

1 Kohlrabi schälen, von den holzigen Stellen befreien, halbieren und in etwa 3 mm dicke Scheiben schneiden. (Das geht am schnellsten in einer Küchenmaschine oder mit einem Hobel.) Reichlich Salzwasser zum Kochen bringen; Kohlrabischeiben darin 5 Minuten vorgaren.

2 Inzwischen den Schnittlauch waschen und in feine Röllchen schneiden. Petersilie waschen und fein hacken. Knoblauch schälen, mit Salz bestreuen und zerdrücken. Backofen auf 220 °C vorheizen. Eine flache Auflaufform fetten.

3 Die Kohlrabischeiben in ein Sieb abgießen und abtropfen lassen. Den Quark in einer Schüssel cremig rühren. Die Eier trennen. Eigelbe, Kräuter, zerdrückten Knoblauch und Hirsemehl unter den Quark rühren. Quarkcreme mit Zitronensaft, Kräutersalz und Pfeffer würzen.

4 Die Eiweiße mit einer Prise Salz zu steifem Schnee schlagen. Den Eischnee und 75 g geriebenen Käse unter die Quarkcreme heben.

5 Die Kohlrabischeiben in die Form legen und die Quarkmasse darauf verstreichen. Den Auflauf mit dem restlichen Bergkäse und den Sonnenblumenkernen bestreuen. Im heißen Ofen (Mitte) etwa 20 Minuten überbacken. Mit Petersilie bestreuen und servieren.

Kochtipp

Gekochtes Getreide wie Grünkern oder Zartweizen, mit einem Stückchen Butter verfeinert, ist eine passende Beilage zum Kohlrabiauflauf. Wer mag, der verwendet zum Garen die Kochflüssigkeit vom Kohlrabi.

Brokkoligratin

4 PORTIONEN

1 kg Brokkoli
Salz
200 g saure Sahne
100 g Sahne
1 EL Speisestärke
100 g geriebener Pecorino oder
Parmesan
Kräutersalz
frisch gemahlener schwarzer Pfeffer
frisch geriebene Muskatnuss
¼ TL gemahlenes Piment
50 g Italienische-Kräuter (TK)
20 g Butter, mehr für die Form
1 hart gekochtes Ei

Zubereitungszeit ca. 30 Minuten

1 Vom Brokkoli die Röschen ablösen; diese waschen, putzen und in mundgerechte Stücke teilen. Den Strunk schälen und in Würfel schneiden. Reichlich Salzwasser zum Kochen bringen. Brokkoliröschen und Strunkstückchen darin 5 Minuten garen.

2 Inzwischen für die Soße saure Sahne, Sahne und Speisestärke verrühren. 50 g geriebenen Käse dazugeben. Alles mit Kräutersalz, Pfeffer, Muskat und Piment würzen. Kräuter unterrühren.

3 Backofen auf 220 °C vorheizen. Eine große Gratinform fetten. Den Brokkoli in ein großes Sieb abgießen, sofort mit kaltem Wasser abschrecken und gut abtropfen lassen. Den Garsud anderweitig (z. B. für eine Suppe oder zum Garen von Reis) verwenden.

4 Das Ei schälen und in kleine Würfel schneiden; unter die Sahnesoße rühren. Die Butter würfeln und kalt stellen. Den Brokkoli in die Form geben. Sahnesoße darübergießen und gleichmäßig verstreichen; mit dem restlichen Käse bestreuen.

5 Die Butter in Stückchen auf dem Gratin verteilen. Im heißen Ofen (Mitte) etwa 15 Minuten überbacken, bis das Gratin knusprig ist.

Wirsinggratin mit Cheddar

4 PORTIONEN

700 g Wirsing
750 ml Gemüsebrühe
200 g Sahne
3 EL Mehl
Butter für die Form
2 EL Sojasoße
1 TL Honig
½ TL gemahlener Kreuzkümmel
½ TL gemahlener Koriander
frisch gemahlener schwarzer Pfeffer
Salz
1 EL Zitronensaft
150 g geriebener Cheddar
2 EL Sesamsamen

Zubereitungszeit ca. 30 Minuten

1 Den Wirsing putzen, waschen und in Streifen schneiden. Die Gemüsebrühe in einem Topf aufkochen lassen und die Wirsingstreifen darin 5 Minuten köcheln lassen, dabei gelegentlich umrühren.

2 Inzwischen Sahne und Mehl glatt verrühren. Die Wirsingstreifen in ein Sieb abgießen und abtropfen lassen, dabei die Garflüssigkeit auffangen. Eine Gratinform fetten. Wirsing in die Form geben und mit Sojasoße und Honig mischen, dann mit Kreuzkümmel, Koriander, Pfeffer und Salz würzen.

3 Den Backofen auf 220 °C vorheizen. 300 ml von der Garflüssigkeit abmessen und aufkochen lassen. Die Mehlsahne in die Flüssigkeit rühren; unter gelegentlichem Rühren 3 Minuten köcheln lassen. Die weiße Soße mit Zitronensaft und Pfeffer würzen. 50 g geriebenen Cheddar untermischen.

4 Den restlichen Cheddar mit den Sesamsamen mischen. Die Hälfte der Soße über den Wirsing gießen und untermischen. Die restliche Soße darauf verteilen und die Masse mit der Käse-Sesam-Mischung bestreuen. Den Auflauf im heißen Ofen (Mitte) etwa 15 Minuten überbacken.

Kochtipp

Statt Cheddar kann auch ein anderer würziger Hartkäse für die Soße und zum Überbacken verwendet werden. Sehr gut geeignet ist mittelalter oder alter Gouda oder auch Comté.

Spitzkohlrouladen mit Grünkernfüllung

4 PORTIONEN

2 weiße Zwiebeln
3 EL Olivenöl
1 Knoblauchzehe, fein gehackt
200 g grob geschroteter Grünkern
400 ml Gemüsebrühe
15 entsteinte schwarze Oliven,
in Stücke geschnitten
2 EL rotes Pesto
½ Bund glatte Petersilie, fein
gehackt
4 Zweige Majoran, fein gehackt
Salz
frisch gemahlener schwarzer Pfeffer
12 zarte Spitzkohlblätter, blanchiert
1 Dose Pizzatomaten (400 g)
2 EL Tomatenmark
1 TL getrockneter Oregano
rosenscharfes Paprikapulver

Zubereitungszeit ca. 105 Minuten

1 Eine Zwiebel schälen und fein würfeln. In einem Topf 2 EL Olivenöl erhitzen, Zwiebel und Knoblauchzehe darin glasig dünsten. Grünkern zugeben, kurz mit andünsten und mit der Gemüsebrühe ablöschen. Den Grünkern 25 Minuten bei mittlerer Hitze quellen lassen, bis er alle Flüssigkeit aufgenommen hat. Vom Herd nehmen und zugedeckt etwas abkühlen lassen.

2 Oliven, Tomatenpesto und die Kräuter unter den Grünkern mischen, alles mit Salz und Pfeffer abschmecken. Die Kohlblätter auf der Arbeitsfläche ausbreiten. Jeweils einen Teil der Füllung auf die untere Hälfte der Kohlblätter geben, die Seiten darüber klappen und die Blätter zu den Spitzen hin aufwickeln. Mit Küchengarn fixieren.

3 Die zweite Zwiebel schälen und würfeln. 1 EL Olivenöl in einem Topf erhitzen und die Zwiebel darin glasig dünsten. Kohlrouladen zugeben und rundherum anbraten. Pizzatomaten, Tomatenmark und 150 ml Wasser verrühren; zu den Rouladen gießen.

4 Die Soße mit Salz, Pfeffer, Oregano und Paprikapulver würzen und die Kohlrouladen in der Soße zugedeckt bei schwacher bis mittlerer Hitze 30 Minuten garen. Mit Pellkartoffeln servieren.

Gesundheitstipp

Grünkern gehört neben Hafer und Hirse
zu den eisenreichen Getreidesorten. Vitamin C verbessert
die Aufnahme von Eisen aus pflanzlichen Lebensmitteln.
Trinken Sie deshalb vor Gerichten wie diesem
z.B. ein Glas Orangensaft als Aperitif.

Rosenkohl mit Currysoße

4 PORTIONEN

500 ml Gemüsebrühe
900 g TK-Rosenkohl
2 Frühlingszwiebeln
2 cm Ingwer (10 g)
100 g Sahne
2 EL Speisestärke
20 g Butter, mehr für die Form
150 g Kokosmilch
Salz
1 TL scharfes Currypulver
1 EL Zitronensaft
1 EL Erdnusscreme
1 Scheibe Weißbrot
2 EL geröstete Erdnusskerne
2 EL Kokosraspel

Zubereitungszeit ca. 30 Minuten

1 Gemüsebrühe zum Kochen bringen. Gefrorene Rosenkohl-röschen darin zugedeckt bei starker Hitze aufkochen, dann 10 Minuten zugedeckt garen.

2 Währenddessen Frühlingszwiebeln putzen, waschen und fein zerkleinern. Ingwer schälen und fein reiben. Sahne und Speisestärke verrühren. Den Backofen auf 220 °C vorheizen. Eine hohe Auflaufform fetten.

3 Den Rosenkohl in ein großes Sieb abgießen und gut abtropfen lassen, dabei die Garflüssigkeit auffangen. 250 ml davon und die Kokosmilch in einem Topf aufkochen lassen. Die Sahnemischung dazugießen; alles 3 Minuten unter gelegentlichem Rühren köcheln lassen. Mit Salz, Currypulver, Ingwer und Zitronensaft würzen. Erdnusscreme und Frühlingszwiebeln unterrühren.

4 Das Weißbrot grob zerbröseln und die Nüsse grob hacken. Brösel, Nüsse und Kokosraspel mischen.

5 Die Rosenkohlröschen unter die Soße ziehen. Das Ganze in die Form füllen und mit der Bröselmischung bestreuen. Die Butter in Stückchen darauf verteilen. Das Gratin im heißen Ofen (Mitte) etwa 10 Minuten überbacken.

Kochtipp

Als Beilage empfiehlt sich Basmatireis, der mit gehacktem Koriandergrün oder gehackter Petersilie gewürzt werden kann. Chapatis (dünne indische Fladenbrote) schmecken ebenfalls zum Rosenkohlgratin.

Grünkohl mit Räucherwurst

4 PORTIONEN

1,2 kg TK-Grünkohl
2 Zwiebeln
2 EL Schweineschmalz
½ TL getrockneter Majoran
½ TL gemahlenes Piment
500 ml Rinderbrühe
500 g Räucherwürste
(z. B. Pinkel, Polnische, Mettenden)
2 EL Haferflocken
Salz
frisch gemahlener schwarzer Pfeffer

Zubereitungszeit ca. 30 Minuten

1 Reichlich Wasser in einem großen Topf zum Kochen bringen. Den gefrorenen Grünkohl hineingeben und 5 Minuten im sprudelnden Wasser vorgaren.

2 Währenddessen die Zwiebeln schälen und würfeln. Den Grünkohl durch ein Spitzsieb oder anderes feinmaschiges Sieb abgießen; kalt abschrecken und abtropfen lassen.

3 Das Schweineschmalz in dem Topf erhitzen. Die Zwiebelwürfel darin glasig dünsten und den Grünkohl untermischen. Mit Majoran und Piment würzen.

4 Die Rinderbrühe dazugießen, aufkochen und 10 Minuten köcheln lassen. Inzwischen die Räucherwürste mit einer Gabel mehrmals einstechen.

5 Die Würste zum Grünkohl geben und etwa 10 Minuten mitköcheln; anschließend herausnehmen. Die Haferflocken unter das Gemüse rühren, um es anzudicken. Mit Salz und Pfeffer kräftig würzen. Den Grünkohl mit den Würsten in tiefen Tellern servieren.

Kochtipp

Knusprig gebratene kleine, gegarte Pellkartoffeln mit Zwiebelringen sind die perfekte Beilage. Wer mag, kann die Kartoffeln noch mit etwas Zucker bestreuen und karamellisieren lassen.

Winter-Minestrone mit Rosenkohl

4 PORTIONEN

500 g Rosenkohl
1 Zwiebel
2 Knoblauchzehen
2 EL Olivenöl
2 TL Tomatenmark
400 g gehackte Tomaten (Dose)
800 ml Gemüsebrühe
1 TL getrockneter Oregano
Salz
frisch gemahlener schwarzer Pfeffer
70 g 10-Minuten-Langkornreis
200 g gegarte Maronen
(vakuumiert)
1 Dose Borlotti-Bohnen
(Abtropfgewicht 240 g)
50 g geriebener Parmesan

Zubereitungszeit ca. 30 Minuten

1 Den Rosenkohl waschen und putzen. Die Röschen je nach Größe ganz lassen oder halbieren. Zwiebel und Knoblauch schälen und klein würfeln.

2 In einem Topf 2 EL Olivenöl erhitzen. Zwiebel und Knoblauch darin etwa 2 Minuten dünsten. Tomatenmark unterrühren und kurz mitrösten.

3 Tomaten und Gemüsebrühe hinzufügen. Mit Oregano, Salz und Pfeffer würzen; aufkochen lassen. Rosenkohl und Reis dazugeben, alles zugedeckt 8–10 Minuten köcheln lassen.

4 Inzwischen große Maronen halbieren. Bohnen in ein Sieb schütten, waschen und abtropfen lassen. Mit den Maronen in den Eintopf geben und den Eintopf bei schwacher Hitze etwa 3 Minuten ziehen lassen. Mit Salz und Pfeffer abschmecken und mit Parmesan bestreuen.

Kochtipp

Sie sparen Vorbereitungszeit, wenn Sie den frischen Rosenkohl durch 400 g TK-Rosenkohl ersetzen. Diesen ohne vorheriges Auftauen in die heiße Brühe geben.

Brokkolisuppe mit Currysahne

4 PORTIONEN

2 EL Mandelblättchen
400 g Brokkoli
4 EL Öl
4 EL Dinkelmehl
300 ml Milch
400 ml Gemüsebrühe
100 g Sahne
½ TL mildes Currypulver
Kräutersalz
frisch gemahlener schwarzer Pfeffer
2 EL Zitronensaft

Zubereitungszeit ca. 25 Minuten

1 Die Mandelblättchen in einer Pfanne ohne Fett rösten. Vom Brokkoli die Röschen ablösen; diese waschen, putzen und in mundgerechte Stücke teilen. Den Strunk schälen und in Würfel schneiden.

2 Etwa 300 ml Wasser in einen Topf mit Dämpfeinsatz füllen. Brokkoliröschen und Strunkstückchen im Dämpfeinsatz in den Topf geben. Wasser aufkochen und den Brokkoli in 10 Minuten im Dampf garen.

3 In der Zwischenzeit das Öl in einem zweiten Topf erhitzen. Das Dinkelmehl hineinrühren und darin kurz anschwitzen. Den Topf vom Herd nehmen.

4 Die Milch zum Mehl gießen und mit einem Schneebesen glatt rühren. Den Topf wieder auf den Herd stellen. Die Gemüsebrühe dazugießen. Alles erhitzen, dabei gelegentlich rühren, damit keine Klümpchen entstehen.

5 Den Dämpfeinsatz mit dem Brokkoli aus dem Topf heben; das Gemüse sofort mit kaltem Wasser abschrecken. Den Dämpfsud unter die Mehl-Brühe-Mischung rühren.

6 Die Flüssigkeit unter gelegentlichem Rühren 5 Minuten köcheln lassen. Währenddessen die Sahne mit dem Currypulver und etwas Kräutersalz steif schlagen.

7 Die Brokkoliröschen in die Flüssigkeit geben und heiß werden lassen. Alles mit dem Stabmixer pürieren und dabei cremig aufschlagen. Mit Kräutersalz, Pfeffer und Zitronensaft abschmecken.

8 Die Brokkolisuppe auf vorgewärmte Schalen oder Suppenteller verteilen. Mit der Currysahne garnieren und mit den Mandeln bestreuen. Sofort servieren.

Gemüsetopf mit Grünkern und Tomaten-Vinaigrette

4 PORTIONEN

1 große Zwiebel
1 EL Öl
200 g Grünkernschrot
1,4 l Gemüsebrühe
1 Lorbeerblatt
½ TL getrocknetes Liebstöckel
1 TL getrockneter Majoran
400 g Möhren
300 g Wirsing
Salz
frisch gemahlener schwarzer Pfeffer
½ TL mittelscharfer Senf
1 EL Weinessig
3 EL Walnussöl
1 Tomate
4 Stängel Petersilie

Zubereitungszeit ca. 30 Minuten

1 Die Zwiebel schälen und würfeln. Das Öl in einem Topf erhitzen und die Zwiebelwürfel darin glasig dünsten. Den Grünkernschrot kurz mitdünsten. 1 l Gemüsebrühe dazugießen; Lorbeer, Liebstöckel und Majoran unterrühren.

2 Die Brühe zum Kochen bringen und alles 10 Minuten garen, dabei gelegentlich umrühren, damit der Grünkernschrot nicht ansetzt.

3 In der Zwischenzeit die Möhren putzen, schälen und grob reiben. Den Wirsing putzen, waschen und in feine Streifen schneiden.

4 Möhren, Wirsing und die restliche Gemüsebrühe in den Topf geben, gründlich unterrühren und alles 10 Minuten bei schwacher Hitze köcheln lassen.

5 Währenddessen Salz, Pfeffer, Senf, Essig und Walnussöl zu einer Vinaigrette rühren. Die Tomate waschen und vom grünen Stielansatz befreien. In Würfel schneiden und unter die Vinaigrette mischen. Petersilie waschen, Blättchen hacken und die Hälfte der Blättchen unter die Tomaten-Vinaigrette rühren.

6 Die Grünkernmischung mit Salz und Pfeffer herzhaft abschmecken, die restliche Petersilie unterrühren. Den Gemüsetopf in tiefen Tellern oder Schalen anrichten und jede Portion mit Tomaten-Vinaigrette beträufeln.

Rehmedaillons mit Kürbis-Wirsing-Gemüse

2 PORTIONEN

250 g Rehrücken, in 6 Medaillons geschnitten
Salz
frisch gemahlener schwarzer Pfeffer
2 EL gemahlene Haselnusskerne oder Mandeln
20 g Semmelbrösel oder gemahlene Kürbiskerne
4 EL Butter
Für das Gemüse:
½ Zwiebel
80 g Wirsing
80 g Kürbis (Hokkaido)
2 TL Kürbiskernöl
100 ml Gemüsebrühe
2 EL Sahne
Salz
frisch geriebene Muskatnuss
Blätter von 3 Zweigen Kerbel
1 EL geröstete Kürbiskerne

Zubereitungszeit ca. 40 Minuten

1 Für das Gemüse die Zwiebel fein würfeln. Wirsing putzen, waschen und in Streifen schneiden. Kürbis schälen und ebenfalls in Streifen schneiden. Wirsing und Kürbis für etwa 2 Minuten in kochendes Wasser geben; in ein Sieb schütten, kalt abschrecken und abtropfen lassen.

2 Das Kürbiskernöl in einer Pfanne erhitzen; die Zwiebel darin glasig dünsten. Wirsing und Kürbis hinzufügen; alles 10 Minuten garen. Brühe und Sahne unterrühren. Gemüse mit Salz und Muskat würzen. Kerbel und Kürbiskerne daruntermischen.

3 Die Medaillons salzen und pfeffern. Backofen auf 190 °C vorheizen. Nüsse und Semmelbrösel oder gemahlene Kürbiskerne in 2 EL Butter rösten; salzen und pfeffern. Die restliche Butter (2 EL) in einer weiteren Pfanne erhitzen. Medaillons darin anbraten, in eine ofenfeste Form geben und die Nussmasse darauf verteilen. Im Ofen etwa 10 Minuten überbacken.

4 Medaillons aus dem Ofen nehmen; mit dem Gemüse servieren.

Gesundheitstipp

Rehfleisch als noch naturbelassenes Nahrungsmittel ist fett- und cholesterinarm und hat fast doppelt so viel hochwertiges Eiweiß zu bieten wie Schweinefleisch. Sein geringer Anteil an Bindegewebe macht es leicht verdaulich.

Rosenkohl und Kartoffeln in Käsesoße

4 PORTIONEN

750 ml Gemüsebrühe
900 g TK-Rosenkohl
800 g große, vorwiegend
festkochende Kartoffeln
2 EL Speisestärke
100 ml trockener Weißwein
(z. B. Riesling)
125 g geriebener Käse
(z. B. Comté, Gruyère)
75 g Crème fraîche
½ Bund Schnittlauch
Kräutersalz
frisch gemahlener schwarzer Pfeffer
frisch geriebene Muskatnuss

Zubereitungszeit ca. 30 Minuten

1 Die Gemüsebrühe in einem Topf zum Kochen bringen. Gefrorenen Rosenkohl hineingeben, die Brühe erneut aufkochen lassen und die Kohlröschen 10 Minuten zugedeckt garen. Währenddessen die Kartoffeln schälen und in knapp 2 cm große Stücke schneiden.

2 Den Rosenkohl in ein Sieb abgießen und abtropfen lassen, dabei die Garflüssigkeit auffangen. Garflüssigkeit und Kartoffeln in den Topf geben. Aufkochen lassen und die Kartoffeln in 15 – 20 Minuten weich garen.

3 Die Speisestärke in dem Wein auflösen. Die Mischung zu den Kartoffeln gießen; alles 3 Minuten unter gelegentlichem Rühren köcheln lassen. Käse (bis auf 1 EL zum Bestreuen) und Crème fraîche unter die Kartoffeln rühren.

4 Die Rosenkohlröschen zu den Kartoffeln in den Topf geben. Schnittlauch waschen und in Röllchen schneiden.

5 Das Gericht mit Kräutersalz, Pfeffer und Muskat abschmecken; mit dem restlichen Käse und dem Schnittlauch bestreuen und servieren.

Kochtipp

Nach Belieben 30 g Mandelstifte in einer Pfanne ohne Fett rösten und den Kartoffel-Gemüse-Eintopf damit bestreuen.

Apfel-Kraut-Salat mit Gorgonzoladressing

8 PORTIONEN

150 g Sauerrahm

150 g fettarmer Joghurt

60 ml Apfelessig

1 EL fettarme Mayonnaise

4 TL Zucker

1 TL rote Chilisoße

1 TL Salz

50 g Gorgonzola (oder anderer Blauschimmelkäse)

800 g Weiß- oder Rotkohl

4 Äpfel (Granny Smith)

2 rote Paprikaschoten

Zubereitungszeit ca. 20 Minuten

1 Sauerrahm, Joghurt, Essig, Mayonnaise, Zucker, Chilisoße und Salz in einer großen Schüssel zu einem Dressing anrühren. Dann den klein geriebenen Gorgonzola oder einen anderen Blauschimmelkäse zugeben.

2 Das Kraut fein hacken; die Äpfel in dünne Scheiben, die Paprikaschoten in dünne Streifen schneiden. Alles zusammen zum Dressing in die Schüssel geben und gut vermischen. Bei Raumtemperatur oder gekühlt servieren.

Gesundheitstipp

Alle Kraut- bzw. Kohlsorten weisen einen hohen Vitamin-C-Gehalt auf. Dieses Vitamin zählt zu den Antioxidanzien, die den Cholesterinspiegel positiv beeinflussen. Kraut enthält außerdem das herzschützende B-Vitamin Folsäure. Und in Rotkraut finden sich dazu Pflanzenfarbstoffe, so genannte Anthocyanine, die für den Zellschutz nötig sind.

Cremige Sauerkrautsuppe

4 PORTIONEN

2 EL Sonnenblumenöl
100 g magerer geräucherter
Schinken, in kleine Würfel
geschnitten
1 Zwiebel, in Würfel geschnitten
500 g Sauerkraut, abgetropft und
grob gehackt
1 rote Paprikaschote, in Würfel
geschnitten
200 g Kartoffeln, in kleine Würfel
geschnitten
1,5 l heiße Gemüsebrühe
1 Lorbeerblatt
frisch gemahlener schwarzer Pfeffer
2 TL edelsüßes Paprikapulver
½ TL Kümmelkörner
4 EL saure Sahne
1 Bund Schnittlauch, in Röllchen
geschnitten
4 Scheiben Bauernbrot

Zubereitungszeit ca. 50 Minuten

1 Das Öl in einem großen Topf erhitzen und die Schinkenwürfel darin kräftig anbraten. Zwiebel zufügen und glasig dünsten. Sauerkraut und Paprikawürfel zugeben und unter Rühren 5 Minuten mitdünsten.

2 Kartoffeln unterrühren; ebenfalls kurz mitdünsten; die Brühe zugießen. Lorbeerblatt, Pfeffer, Paprikapulver und Kümmel zur Suppe geben. Alles aufkochen und zugedeckt bei mittlerer Hitze 20 Minuten garen.

3 Die Kartoffeln in der Suppe anschließend mit dem Kartoffelstampfer fein zerkleinern; die Suppe salzen und pfeffern. Saure Sahne mit Schnittlauch verrühren.

4 Die Sauerkrautsuppe in vorgewärmte Portionsschüsseln füllen. Auf jede Portion einen Löffel Schnittlauchsahne geben. Sofort mit Bauernbrot servieren.

Gesundheitstipp

Sauerkraut ist nicht nur sehr reich an Vitamin C, sondern enthält auch Vitamin B12, das normalerweise nur in tierischen Lebensmitteln vorkommt. Das Vitamin ist für den Gehirn- und Nervenstoffwechsel wichtig. Außerdem ist es für den Bau der roten Blutkörperchen und somit für den Sauerstofftransport im Körper nötig. Experten empfehlen also aus gutem Grund den Verzehr von rohem oder möglichst nur kurz erhitztem Sauerkraut einmal pro Woche.

Kohlsuppe mit Salzgurke

4 PORTIONEN

2 EL Öl
2 Knoblauchzehen, fein gehackt
1 Salzgurke, geraspelt
2 Möhren, in kleine Würfel geschnitten
1 Petersilienwurzel, in kleine Würfel geschnitten
1 Lauchstange, in Streifen geschnitten
1 kleiner Weißkohl, in feine Streifen geschnitten
1 l heiße Gemüsebrühe, evtl. mehr
1 EL gehackter Dill
4 – 5 EL Salzgurkenlake
frisch gemahlener schwarzer Pfeffer
Dillspitzen zum Garnieren

Zubereitungszeit ca. 105 Minuten

1 Das Öl in einem großen Topf erhitzen. Den Knoblauch darin anschwitzen. Die Gurkenraspel hinzufügen und kurz mitdünsten.

2 Möhren, Petersilienwurzel, Lauch und Kohl hinzufügen. Alles verrühren, dann die Brühe zugießen. Die Mischung aufkochen, dann 30 Minuten köcheln lassen, bis der Kohl weich ist.

3 Von der Gemüsemischung 2 Schöpfkellen voll aus dem Topf heben und in einer Schüssel beiseitestellen. Den Topfinhalt mit dem Stabmixer pürieren. Das herausgenommene Gemüse wieder hineingeben und unterrühren. Sollte die Suppe zu dickflüssig sein, mit etwas Brühe verdünnen.

4 Den Dill unter die Suppe rühren. Die Kohlsuppe mit Gurkenlake und reichlich schwarzem Pfeffer abschmecken. Mit Dillspitzen garnieren und servieren.

Kochtipp

Verwechseln Sie Salz- bzw. saure Gurken nicht mit Essig- bzw. Gewürzgurken; sie unterscheiden sich erheblich in Geschmack und Herstellung voneinander. Salzgurken vergären milchsauer in einer etwa 10%igen Salzlösung, ähnlich wie Sauerkraut. Essiggurken hingegen werden in einer Essig-Wasser-Zucker-Lösung eingekocht, sind danach lange haltbar und schmecken süß-sauer.

Rotkohl-Orangen-Salat mit Apfeldressing

4 PORTIONEN

1 kleiner Rotkohl
Salz
2 Orangen
2 EL Mandelblättchen
2 EL Sonnenblumenöl
1 rote Zwiebel, fein gewürfelt
1 süß-säuerlicher Apfel
2 EL Apfelessig
frisch gemahlener schwarzer Pfeffer

Zubereitungszeit ca. 40 Minuten

1 Den Rotkohl auf dem Gemüsehobel raspeln. Mit 2 TL Salz in eine Schüssel geben und 5 Minuten kräftig mit den Händen durchkneten. In ein Sieb schütten, abspülen, abtropfen lassen und in die Schüssel geben.

2 Die Orangen so dick schälen, dass auch die weiße Haut entfernt wird. Die Orangenfilets über einer Schüssel aus den Trennwänden schneiden, den Saft dabei auffangen. Die Orangenfilets zum Rotkohl geben und untermischen.

3 Die Mandelblättchen in einer Pfanne ohne Fett hell rösten. Zum Abkühlen auf einen Teller legen. Das Öl in die Pfanne geben und die Zwiebelwürfel darin glasig werden lassen.

4 Inzwischen den Apfel schälen. Das Fruchtfleisch in die Pfanne raspeln und kurz andünsten. Den aufgefangenen Orangensaft und den Essig unterrühren.

5 Das Dressing warm über den Salat geben und untermischen. Den Salat mit Salz und Pfeffer abschmecken. Mit Mandelblättchen bestreuen und servieren.

Gesundheitstipp

Der hohe Ballaststoffgehalt von Kohl verursacht bei vielen Menschen nach dem Genuss unangenehme Blähungen. Kräuter wie Fenchel oder Kümmel, aber auch Apfelessig helfen, diese Nebenwirkungen zu verhindern bzw. zu lindern.

Sauerkraut-Bohnen-Topf mit Speck

4 PORTIONEN

250 g durchwachsener geräucherter Speck
2 Zwiebeln
2 Knoblauchzehen
2 rote Paprikaschoten
2 EL Butterschmalz
500 g Sauerkraut
2 EL Zucker
1 EL edelsüßes Paprikapulver
1 TL getrockneter Majoran
1 TL Kümmel
900 ml Fleischbrühe
1 Dose weiße Bohnen
(Abtropfgewicht 500 g)
Salz
frisch gemahlener schwarzer Pfeffer

Zubereitungszeit ca. 30 Minuten

1 Speck quer in etwa 0,5 cm dicke Scheiben schneiden. Zwiebeln schälen, halbieren und in feine Streifen schneiden. Knoblauch schälen und fein hacken. Paprikaschoten putzen, waschen und in etwa 2 cm große Stücke schneiden.

2 In einem Topf das Butterschmalz erhitzen. Speck, Zwiebeln und Knoblauch darin unter Wenden 3 Minuten braten.

3 Das Sauerkraut dazugeben. Mit Zucker, Paprikapulver, Majoran und Kümmel bestreuen. Die Brühe dazugießen; alles zugedeckt aufkochen und etwa 10 Minuten köcheln lassen.

4 Inzwischen die Bohnen in ein Sieb schütten, waschen und abtropfen lassen. Etwa 5 Minuten vor Ende der Garzeit zum Sauerkraut geben und mitgaren. Den Eintopf mit Salz und Pfeffer abschmecken.

Gesundheitstipp

Weiße Bohnen gehören zu den Hülsenfrüchten und sind überaus reich an Ballaststoffen und Eiweiß. Die kleinen Kraftpakete sorgen für ein lang anhaltendes Sättigungsgefühl und gehören zu den besten pflanzlichen Proteinquellen.

Buntes Kohlgemüse

4 PORTIONEN

2 TL Olivenöl
1 große rote Zwiebel, in kleine
Würfel geschnitten
2 Möhren, in kleine Stäbchen
geschnitten
1 rote Paprikaschote, in kleine Würfel
geschnitten
500 g Grünkohl (1 kleiner Kopf)
2 EL brauner Zucker
½ TL Salz
¼ TL Salbei, gerebelt
¼ TL frisch gemahlener schwarzer
Pfeffer
60 ml Wein- oder Reisessig

Zubereitungszeit ca. 40 Minuten

1 In einer großen beschichteten Pfanne das Öl bei mittlerer Hitze heiß werden lassen. Die Zwiebel darin etwa 5 Minuten andünsten. Möhrenstäbchen und Paprikawürfel dazugeben und unter Rühren etwa 5 Minuten mit andünsten.

2 Den Kohl grob hobeln; anschließend zur Möhren-Paprika-Mischung dazugeben und Zucker, Salz, Salbei und Pfeffer darüberstreuen. Unter häufigem Rühren den Kohl etwa 10 Minuten zusammenfallen lassen.

3 Den Essig unterrühren, die Hitze leicht erhöhen und das Gemüse weitere 3 Minuten kochen. Das Kohlgemüse heiß oder auf Raumtemperatur abgekühlt servieren.

Gesundheitstipp

Dieses Rezept liefert Ihnen eine Extraportion Gesundheit: Vitamin C aus Paprika und Kohl stärken das Immunsystem. Betakarotin aus den Möhren und weitere sekundäre Pflanzenstoffe aus den verwendeten Gemüsesorten können vor Krankheiten schützen.

Kürbis

Die bunte Vielfalt

Kürbiseintopf mit Kichererbsen

4 PORTIONEN

1 EL Olivenöl
1 große Zwiebel, halbiert und in feine Ringe geschnitten
3 Knoblauchzehen, klein gehackt
450 g Butternut-Kürbis, geschält und in 2 cm große Stücke geschnitten
1½ TL Currypulver
1 TL Koriander, gemahlen
¾ TL Salz
240 g Tomatenfruchtfleisch in Stücken
200 g Kichererbsen, abgetropft
50 g Rosinen
120 ml Wasser
4 EL Korianderblätter, frisch gehackt

Zubereitungszeit ca. 45 Minuten

1 Den Backofen auf 175 °C vorheizen. Das Öl in einem beschichteten Schmortopf bei mittlerer Hitze heiß werden lassen. Zwiebeln und Knoblauch etwa 7 Minuten darin unter Rühren goldbraun anbraten.

2 Die Kürbisstücke, Currypulver, Koriander und Salz zugeben, alles gut vermischen. Dann Tomaten, Kichererbsen, Rosinen und Wasser zufügen und bei mittlerer Hitze aufkochen lassen.

3 Den Topf mit einem Deckel versehen und in den Ofen stellen. Den Eintopf etwa 20 Minuten garen, bis der Kürbis weich ist. (Das Rezept kann bis hierher im Voraus zubereitet und eingefroren werden. Dann bei etwa 160 °C erhitzen und, falls nötig, noch etwas Wasser dazugeben.) Vor dem Servieren mit frischem Koriander bestreuen.

Gesundheitstipp

Der Butternut-Kürbis enthält außergewöhnlich viel herzschützendes Betacarotin. Im Vergleich zu anderen Kürbisarten liefern insbesondere der Butternut und der Hokkaido eine große Menge dieses Antioxidans, was schon an ihrem leuchtend orangefarbenen Fruchtfleisch zu erkennen ist. Falls Sie also keinen Butternut-Kürbis finden können, so ist ein frisch geernteter Hokkaido der beste Ersatz dafür.

Kürbis-Mandel-Muffins

12 MUFFINS

180 g Mehl
75 g hellbrauner Zucker
2 TL Backpulver
½ TL Backnatron
¼ TL Salz
100 g Datteln, klein gehackt
40 g Mandelsplitter, geröstet
200 g Kürbismus (aus dem Glas*
oder selbst gemacht)
2 Eier, leicht verquirlt
120 ml fettarme Buttermilch
120 g saure Sahne

Zubereitungszeit ca. 55 Minuten

1 Den Backofen auf 175 °C vorheizen. In die Mulden einer Muffinform Papierförmchen setzen. Mehl, Zucker, Backpulver, Backnatron und Salz in einer großen Schüssel verrühren. Datteln und Mandeln untermischen.

2 In einer mittelgroßen Schüssel Kürbismus, Eier, Buttermilch und saure Sahne verrühren. Eine kleine Mulde in die Mitte der trockenen Zutaten drücken und die Kürbismischung hineingeben. Alles vorsichtig verrühren, bis alle trockenen Zutaten feucht sind.

3 Den Teig auf die Förmchen verteilen und die Muffins 30 bis 35 Minuten backen, bis kein Teig mehr an einer hineingestochenen Gabel kleben bleibt.

Kochtipp

*Kürbismus aus dem Glas ist fast genauso nährstoffreich wie selbst zubereitetes Kürbisfruchtpüree. Außerdem ist es natürlich sehr praktisch anzuwenden. Sie können fertiges Süßkürbismus zum Beispiel im Naturkostladen bekommen.

Kürbis-Hackfleisch-Pfanne mit Schafskäse

4 PORTIONEN

1 Hokkaidokürbis (etwa 600 g)
1 rote Zwiebel
2 Knoblauchzehen
1 rote Chilischote
3 EL Olivenöl
500 g gemischtes Hackfleisch
Salz
frisch gemahlener schwarzer Pfeffer
1 Dose gehackte Tomaten (400 g)
1 TL Chilipulver (Gewürzmischung)
100 g Schafskäse (Feta)
½ Bund Petersilie

Zubereitungszeit ca. 25 Minuten

1 Den Kürbis gut waschen, trocken reiben und in Viertel schneiden. Die Kürbisviertel entkernen, quer halbieren und zuerst in 1 cm breite Spalten, dann in mundgerechte Stücke schneiden.

2 Die Zwiebel schälen, halbieren und in feine Streifen schneiden. Knoblauch schälen und fein hacken. Die Chilischote längs aufschneiden, entkernen und in feine Streifen schneiden.

3 In einer großen Pfanne oder im Wok 1 EL Olivenöl heiß werden lassen. Das Hackfleisch darin bei starker Hitze unter gelegentlichem Wenden in 5 Minuten krümelig braten; salzen und pfeffern.

4 Das Hackfleisch aus der Pfanne nehmen. Das restliche Öl (2 EL) erhitzen, Zwiebelstreifen und Kürbisstücke darin 5 Minuten dünsten. Chili und Knoblauch dazugeben und kurz mitdünsten.

5 Tomaten und angebratenes Hackfleisch unterrühren; alles aufkochen und bei mittlerer Hitze 5 Minuten köcheln lassen. Die Hackfleischpfanne mit Salz, Pfeffer und Chilipulver abschmecken.

6 Den Schafskäse in Stückchen bröckeln. Die Petersilie waschen, die Blätter abzupfen und hacken. Schafskäse und Petersilie über das Gericht streuen. Sofort servieren.

Kürbis-Couscous mit Lamm

4 PORTIONEN

2 TL Olivenöl
250 g Lammschulter, ohne Knochen,
in 1 cm große Stücke geschnitten
¾ TL Koriander, gerebelt
½ TL Salz
½ TL Ingwer, gemahlen
½ TL Kümmel, gemahlen
½ TL frisch gemahlener schwarzer
Pfeffer
360 ml Möhrensaft
2 EL Tomatenmark
300 g Butternut-Kürbis, in kleine
Stücke geschnitten
300 g Hokkaidokürbis, längs halbiert
und quer in 1 cm dicke Scheiben
geschnitten
1 mittelgroße Zucchini, längs halbiert
und quer in 1 cm dicke Scheiben
geschnitten
200 g Couscous

Zubereitungszeit ca. 95 Minuten

1 Das Öl in einem beschichteten Schmortopf bei mittlerer Hitze heiß werden lassen. Lammfleisch mit Koriander, Salz, Ingwer, Kümmel und Pfeffer vermischen und darin etwa 5 Minuten braun anbraten.

2 Möhrensaft und Tomatenmark dazugeben und aufkochen lassen. Die Hitze reduzieren und das Fleisch zugedeckt etwa 30 Minuten köcheln lassen.

3 Butternut-Kürbis unterrühren und etwa 5 Minuten garen. Hokkaidokürbis und Zucchini hinzufügen und etwa 25 Minuten kochen, bis Lamm und Gemüse gar sind.

4 Couscous nach Packungsanweisung einweichen oder kochen. Couscous mit einer Gabel etwas auflockern. Couscous und Lammgemüse in verschiedenen Schüsseln servieren.

Gesundheitstipp

In diesem Rezept dominieren Gemüse und Getreide, während das Fleisch nur eine Nebenrolle spielt. Traditionell wird dieses Gericht meist vegetarisch zubereitet, da Fleisch in den Ursprungsländern für die Bevölkerung kaum erschwinglich ist. Je mehr Sie den Anteil an Gemüse und Getreide erhöhen, desto mehr unterstützen Sie Ihre Herzgesundheit.

Gratinierter Kürbis mit Wein-Käse-Soße

4 PORTIONEN

1 Stück Muskatkürbis (etwa 900 g)
750 ml Gemüsebrühe
100 g Crème fraîche
1½ EL Mehl
20 g Butter, mehr für die Form
125 ml trockener Weißwein
(z. B. Riesling)
Kräutersalz
frisch gemahlener schwarzer Pfeffer
frisch geriebene Muskatnuss
100 g geriebener Gruyère oder
Comté
20 g Kürbiskerne

Zubereitungszeit ca. 30 Minuten

1 Kürbis schälen und entkernen – es sollen etwa 600 g Fruchtfleisch übrigbleiben. Das Fruchtfleisch längs in knapp 1 cm dicke Scheiben schneiden, diese quer halbieren. Gemüsebrühe zum Kochen bringen; Kürbisscheiben darin 5 Minuten zugedeckt köcheln lassen.

2 Inzwischen die Crème fraîche und das Mehl mit einer Gabel verrühren. Den Backofen auf 220 °C vorheizen. Eine Gratinform fetten. Kürbisscheiben in ein Sieb abgießen und gut abtropfen lassen, dabei die Garflüssigkeit auffangen.

3 Für die Soße 150 ml von der Garflüssigkeit und den Weißwein in einem Topf zum Kochen bringen. Die Crème-fraîche-Mehl-Mischung hineinrühren. 2 Minuten bei schwacher Hitze köcheln lassen, dabei gelegentlich umrühren. Mit Kräutersalz, Pfeffer und Muskat würzen. 50 g geriebenen Käse untermischen.

4 Die Kürbisscheiben dachziegelartig in die Form legen und die Soße darauf verstreichen. Mit dem restlichen Käse und den Kürbiskernen bestreuen, dann die Butter in Stückchen darauf verteilen. Das Kürbisgratin im heißen Ofen (Mitte) etwa 15 Minuten überbacken, bis es schön knusprig ist.

Gebratener Kürbis mit Schalotten

4 PORTIONEN

900 g Butternut-Kürbis oder anderer
Speisekürbis
8 Schalotten
einige Stängel frischer Thymian
1 TL Olivenöl
2 TL Ahornsirup oder flüssiger Honig
Salz
frisch gemahlener schwarzer Pfeffer

Zubereitungszeit ca. 45 Minuten

1 Den Backofen auf 190 °C vorheizen. Den Kürbis der Länge nach halbieren und Kerne und Schale entfernen. Das Kürbisfleisch in 3 cm große Würfel schneiden und in eine große Schüssel geben.

2 Die Schalotten schälen und mit dem Großteil des Thymians zum Kürbis geben. Ein paar Thymianstängel zum Garnieren aufheben.

3 Öl und Ahornsirup bzw. Honig mischen und nach Geschmack salzen und pfeffern. Über das Gemüse träufeln und dieses mehrfach wenden, bis alles gleichmäßig damit überzogen ist.

4 Gemüse in eine Bratform geben und im Backofen unter gelegentlichem Wenden 30 – 35 Minuten garen, bis es weich und goldbraun ist. Mit den restlichen Thymianstängeln garnieren und servieren.

Hokkaido-Mus mit Walnüssen

2 PORTIONEN

1 kleiner Hokkaidokürbis (etwa 600 g)
1 kleine Zwiebel
1 EL Olivenöl
Salz
frisch gemahlener schwarzer Pfeffer
frisch geriebene Muskatnuss
1 EL Kürbiskernöl
3 EL frische Senfsprossen oder Kresse
2 EL gehackte Walnusskerne

Zubereitungszeit ca. 55 Minuten

1 Den Hokkaidokürbis vierteln und mit einem Löffel die Kerne herauskratzen. Den Kürbis schälen und in kleine Stücke schneiden.

2 Die Zwiebel schälen und in kleine Würfel schneiden. Das Olivenöl in einem Topf bei mittlerer Hitze erwärmen und die Zwiebel darin glasig dünsten. Die Kürbisstücke hinzufügen und unter Rühren kurz mitdünsten.

3 500 ml Wasser mit Salz, Pfeffer und Muskat zum Kürbis gießen. Aufkochen und zugedeckt etwa 30 Minuten bei schwacher Hitze köcheln lassen, bis der Kürbis weich ist.

4 Den Kürbis in der Flüssigkeit mit dem Stabmixer pürieren, das Kürbiskernöl unter das Püree mischen. Das Hokkaidopüree auf zwei vorgewärmte Teller verteilen, mit Senfsprossen oder Kresse und den Walnüssen bestreuen und servieren.

Gesundheitstipp

Der häufige Verzehr von Kürbis kann laut wissenschaftlicher Studien das Risiko für Lungen- und Prostatakrebs senken. Dies wird auf die beträchtliche Menge an Betacarotin zurückgeführt, das im kalorienarmen Hokkaidokürbis steckt. Da er weder Fett noch Fruchtsäuren enthält, ist der schmackhafte Speisekürbis besonders gut bekömmlich. Außerdem löst er keinerlei Allergien aus.

Kürbis mit Limetten-Kräuterbutter

4 PORTIONEN

100 g weiche Butter
¼ Bund Schnittlauch
abgeriebene Schale von
1 unbehandelten Limette
Salz
frisch gemahlener schwarzer Pfeffer
Knoblauchzehe
½ TL Pimentkörner
2 TL Balsamico-Essig
6 EL Olivenöl
2 TL Rohrohrzucker
1 große Spalte Muskatkürbis
(etwa 900 g)

Zubereitungszeit ca. 20 Minuten

1 Die Butter cremig rühren. Den Schnittlauch waschen und in Röllchen schneiden. Die Butter mit Limettenschale und Schnittlauch verrühren, salzen und pfeffern. In Frischhaltefolie zur Rolle formen und in etwa 30 Minuten im Kühlschrank fest werden lassen.

2 Für das Würzöl den Knoblauch schälen, grob zerkleinern, salzen und fein zerdrücken. Die Pimentkörner im Mörser fein zerstoßen. Balsamico-Essig mit 4 EL Olivenöl verrühren; Zucker, zerdrückten Knoblauch und Piment unterrühren. Mit Salz und Pfeffer würzen.

3 Die Kürbisspalte schälen und entkernen; es sollten etwa 600 g Fruchtfleisch übrig bleiben. Das Fruchtfleisch längs in knapp 1 cm dicke Scheiben schneiden; große Scheiben quer halbieren.

4 Die Kürbisscheiben auf beiden Seiten mit dem restlichen Olivenöl (2 EL) dünn bestreichen. Etwa 15 Minuten unter gelegentlichem Wenden grillen, bis sie weich sind.

5 Die Spalten mit dem Würzöl bestreichen und auf jeder Seite in weiteren 1 – 2 Minuten knusprig grillen. (Auf dem Holzkohlengrill möglichst gefettete Grillschalen verwenden.) Die Limetten-Kräuter-Butter in Scheiben schneiden und zu den Kürbisscheiben servieren.

Kochtipp

Anstelle von Muskatkürbis können auch andere in Scheiben geschnittene Kürbisse verwendet werden, probieren Sie z. B. Hokkaido-, Butternut- oder Gartenkürbis.

Kürbisstreifen mit Aprikosenmarinade

4 PORTIONEN

500 g Muskat- oder Hokkaidokürbis
50 g ungeschwefelte getrocknete
Aprikosen
4 EL Himbeeressig
½ TL Ingwerpulver
je 1 Prise Kardamom- und
Nelkenpulver
Salz
frisch gemahlener schwarzer Pfeffer
1 kleiner Lollo rosso
50 g Kürbiskerne
4 EL Kürbiskernöl
je 3 Stängel Zitronenthymian und
glatte Petersilie

Zubereitungszeit ca. 30 Minuten

1 Das Kürbisstück schälen. Die Kerne und das wattige Innere entfernen. Kürbisfleisch auf dem Gemüsehobel in lange, sehr dünne Streifen schneiden. Diese in den Siebeinsatz eines Topfs geben. 2 cm hoch Wasser in den Topf gießen, Siebeinsatz darübersetzen. Kürbisstreifen zugedeckt 4–5 Minuten dämpfen, sie sollen etwas Biss haben.

2 Die Kürbisstreifen in einer großen Schale abkühlen lassen. Die Aprikosen klein hacken. Aprikosenstückchen, Himbeeressig, Ingwer, Kardamom und Nelken verrühren, mit Salz und Pfeffer würzen. Marinade über die Kürbisstreifen träufeln. Zugedeckt etwa 2 Stunden durchziehen lassen.

3 Lollo rosso putzen, waschen und trocken schleudern. Die Blätter in Stücke zupfen und damit eine große Salatschale oder -platte auslegen. Die Kürbiskerne nach Belieben grob hacken. Die Kürbisstreifen dekorativ auf den Salatblättern anrichten. Die Marinade und das Kürbiskernöl über die Kürbisstreifen träufeln.

4 Die Kräuter waschen und trocken schütteln, die Blättchen fein hacken. Mit den Kürbiskernen über die Salatportionen streuen. Möglichst bald servieren. Dazu passt frisch geröstetes Toastbrot.

Kochtipp

In der Marinade für diesen Salat schmecken am besten die dunkelorangefarbenen bis braunen getrockneten Aprikosen aus der Türkei. Man bekommt die ungeschwefelten Trockenfrüchte in Naturkost- und Bioläden.

Cremige Kürbissuppe

1 In einem großen beschichteten Topf das Öl bei mittlerer Hitze heiß werden lassen. Zwiebeln und Knoblauch unter Rühren etwa 5 Minuten darin andünsten. Die Süßkartoffeln und 350 ml Wasser dazugeben und aufkochen lassen. Die Hitze reduzieren und zugedeckt etwa 10 Minuten köcheln lassen, bis die Kartoffelscheiben weich sind.

2 Kürbispüree, Zucker, Salz, Pfeffer, Salbei und das restliche Wasser (250 ml) unterrühren und alles aufkochen lassen. Die Hitze reduzieren und zugedeckt weitere 5 Minuten kochen lassen. Die Suppe in ein Gefäß geben und mit dem Stabmixer pürieren.

3 Die Suppe in den Topf zurückgeben. Vom Milch-Sahne-Gemisch 180 ml unterrühren und 2 Minuten erhitzen. Dann die Suppe auf Teller verteilen und mit einem Löffel jeweils etwas vom Rest des Milch-Sahne-Gemischs (60 ml) hineingeben. Mit einer Messerspitze das Gemisch zu einem Muster verteilen. Vor dem Servieren die Suppe mit Pfeffer und Parmesan bestreuen.

4 PORTIONEN

2 TL Olivenöl
1 kleine Zwiebel, klein gehackt
3 Knoblauchzehen, gehackt
1 kleine Süßkartoffel (etwa 170 g), geschält und in dünne Scheiben geschnitten
600 ml Wasser
420 g Kürbispüree
(Fertigprodukt oder selbst gemacht)
1 EL brauner Zucker
1 TL Salz
¾ TL Pfeffer, fein gemahlen
½ TL Salbei, gerebelt
240 ml Gemisch aus fettarmer Milch und Sahne
2 EL Parmesan, frisch gerieben
4 Prisen frisch gemahlener schwarzer Pfeffer

Zubereitungszeit ca. 35 Minuten

Gesundheitstipp

Dank Süßkartoffel und Kürbis liefert diese Suppe besonders viel Betacarotin, das vom Körper in lebenswichtiges Vitamin A umgewandelt wird. Betacarotin gehört zu den Antioxidanzien, die den Körper vor zellschädigenden freien Radikalen schützen.

Deftige Kürbissuppe mit Speck

4 PORTIONEN

1 EL Olivenöl
200 g Zwiebeln, in Scheiben geschnitten
1,3 kg Kürbis, geschält, entkernt und gewürfelt
125 g geräucherter durchwachsener Speck, gewürfelt, (Fettschwarte entfernt)
1 EL Kreuzkümmel, frisch gemahlen
¾ l Gemüsebrühe
Salz
frisch gemahlener schwarzer Pfeffer
Zum Garnieren:
frische Korianderzweige
Zum Servieren:
nach Belieben knusprige Brötchen

Zubereitungszeit ca. 45 Minuten

1 Öl in einem Topf erhitzen und die Zwiebeln unter Rühren glasig werden lassen. Deckel schließen und bei geringer Hitze 5–10 Minuten weich garen. Gelegentlich umrühren.

2 Kürbis, Speck und Kreuzkümmel zufügen, gut umrühren. Bei geschlossenem Deckel 10 Minuten schmoren lassen, dabei gelegentlich umrühren.

3 Brühe zugeben und die Suppe aufkochen. Hitze wieder verringern und ohne Deckel 20 Minuten köcheln lassen, bis die Kürbiswürfel weich sind.

4 Die Suppe mit dem Pürierstab oder in der Küchenmaschine pürieren. Mit den Gewürzen abschmecken und mit Koriander und schwarzem Pfeffer garnieren. Nach Belieben mit knusprigen Brötchen servieren.

Kürbis-Reis-Salat

4 PORTIONEN

20 g Kürbiskerne
100 g magere Schinkenwürfel (Kühlregal)
1 Beutel Express-Reis (250 g) oder 250 g gegarter Reis
400 g Hokkaidokürbis
100 g abgetropfte geröstete Paprika (Glas)
1 TL getrockneter Majoran
3 EL Rotweinessig
Salz
frisch gemahlener schwarzer Pfeffer
5–6 EL Sonnenblumenöl

Zubereitungszeit ca. 30 Minuten

1 Die Kürbiskerne in einer beschichteten Pfanne kurz rösten; auf einem Teller abkühlen lassen. Anschließend die Schinkenwürfel in der Pfanne kurz braten; in eine Salatschüssel füllen.

2 Den Reis in die Pfanne geben und nach Packungsangabe erwärmen (gegarten Reis in etwas Öl erhitzen); in die Schüssel zum Schinken geben.

3 Den Kürbis zunächst in größere Stücke zerteilen, dann schälen, entkernen und grob raspeln. Die gerösteten Paprika in Stückchen schneiden.

4 Kürbisraspel und Paprikastückchen unter Reis und Schinken in der Schüssel mischen. Alles mit Majoran würzen.

5 Den Rotweinessig mit 2 Prisen Salz, reichlich Pfeffer und dem Öl zu einer Vinaigrette verrühren. Diese zum Salat gießen und untermischen. Den Salat mit den gerösteten Kürbiskernen bestreuen.

Kochtipp

Den Salat ohne weitere Fettzugabe in einer beschichteten Pfanne oder zugedeckt in der Mikrowelle bei 750 Watt in 2–3 Minuten erwärmen. So wird daraus ein leichtes Hauptgericht.

Kürbis mit Orangenessig

2 GLÄSER (je ca. 350 ml)

750 g Muskatkürbis
1 große unbehandelte Orange
3 cm frischer Ingwer
125 ml Weißweinessig
250 g Zucker
1 Zimtstange

Zubereitungszeit ca. 55 Minuten

1 Kürbis schälen, entkernen und in Würfel schneiden. Die Orange heiß waschen und trocken reiben; die Schale dünn abschneiden. Den Saft auspressen. (Sie benötigen 100 ml.) Den Ingwer schälen und in feine Scheiben schneiden.

2 Essig und Orangensaft mit Orangenschale, Zucker, Ingwer, Zimt und 25 ml Wasser kochen, bis sich der Zucker aufgelöst hat; vom Herd nehmen. Kürbis hineingeben, gut mischen und zugedeckt über Nacht durchziehen lassen.

3 Am nächsten Tag die Gläser vorbereiten (siehe unten). Kürbis mit Sud aufkochen und zugedeckt 8 Minuten köcheln. Kürbis mit dem Schaumlöffel herausheben und in die Gläser füllen. Den Würzsud offen 5 Minuten köcheln lassen, dann kochend heiß über die Kürbiswürfel gießen. Gläser sofort verschließen.

Kochtipp

Damit eingemachte Köstlichkeiten die Lagerung unbeschadet überstehen, müssen Gläser und Deckel sowie Flaschen sterilisiert (also keimfrei) sein. Am einfachsten ist es, sie in der Geschirrspülmaschine bei höchster Temperatur zu spülen. Danach alles noch warm aus der Maschine nehmen und möglichst sofort mit dem Einmachgut füllen. Andernfalls die warmen Gläser mit den passenden Deckeln zuschrauben und bis zum Befüllen wegstellen.

Kürbissuppe mit Buchstabennudeln

4 PORTIONEN

700 g Kürbis (z. B. Muskatkürbis)
1 Gemüsezwiebel
1 Knoblauchzehe
2 EL Öl
1,5 l Gemüsebrühe
1 Lorbeerblatt
¼ TL getrocknetes Liebstöckel
¼ TL gemahlenes Piment
200 g Buchstabennudeln
½ Bund Schnittlauch
Salz
Cayennepfeffer
2 TL Apfel-Balsamico-Essig

Zubereitungszeit ca. 30 Minuten

1 Den Kürbis schälen, Samen und das fasrige Innere entfernen – es sollten etwa 450 g Fruchtfleisch übrig bleiben. Das Kürbisfruchtfleisch in etwa 1 cm große Würfel schneiden. Die Gemüsezwiebel schälen und in Würfel schneiden. Knoblauchzehe schälen und fein hacken.

2 Das Öl in einem Topf erhitzen. Zwiebelwürfel mit Knoblauch darin glasig dünsten. Die Kürbiswürfel hinzufügen und 2 Minuten mitdünsten. Die Gemüsebrühe dazugießen. Mit Lorbeerblatt, Liebstöckel und Piment würzen.

3 Die Suppe aufkochen, dann zugedeckt etwa 15 Minuten köcheln lassen, bis das Gemüse weich ist. Zwischendurch die Buchstabennudeln hineinstreuen und in der Brühe mitgaren, dabei die angegebene Garzeit auf der Packung beachten.

4 Den Schnittlauch waschen und in Röllchen schneiden. Die Suppe mit Salz, Cayennepfeffer und Apfel-Balsamico-Essig abschmecken. Mit Schnittlauch bestreuen und servieren. Nach Belieben geriebenen Käse dazu reichen.

Scharfer Bulgursalat mit Kürbis

4 PORTIONEN

400 g Hokkaidokürbis
5 EL Olivenöl
125 g Bulgur
250 ml Gemüsebrühe
1–2 EL Harissa (marokkanische Chilipaste)
200 g abgetropfte milde Kirschpaprika (Glas)
4 Frühlingszwiebeln
1 Bund Koriandergrün
½ Bund Minze
6 EL Zitronensaft
1 EL Tomatenmark
Salz

Zubereitungszeit ca. 30 Minuten

1 Den Kürbis waschen und entkernen. Zuerst in Spalten, dann in 1 cm große Würfel schneiden.

2 In einem Topf 2 EL Olivenöl erhitzen. Die Kürbiswürfel darin bei mittlerer Hitze 1–2 Minuten braten. Bulgur dazugeben, Brühe dazugießen und 1 EL Harissa einrühren; alles aufkochen lassen.

3 Den Bulgur mit dem Kürbis zugedeckt bei sehr schwacher Hitze in 10 Minuten ausquellen lassen.

4 Inzwischen Kirschpaprika vierteln. Frühlingszwiebeln waschen, putzen und in feine Ringe schneiden. Koriandergrün und Minze waschen und trocken schütteln; Blätter abzupfen und grob hacken.

5 In einer großen Schüssel Zitronensaft, Tomatenmark und Salz verrühren; das übrige Olivenöl (3 EL) darunterschlagen. Kirschpaprika, Frühlingszwiebeln und Kräuter in die Schüssel geben.

Kürbis-Gnocchi mit Paprikasoße

4 PORTIONEN

300 g Kürbisfruchtfleisch, in Spalten
150 g weicher Ricotta
2 Eier
100 g Polentagrieß
100 g Weizenmehl Type 1050
30 g frisch geriebener Parmesan
Salz
frisch gemahlener schwarzer Pfeffer
½ TL gemahlene Muskatblüte
2 TL Zitronensaft
20 g Butter
3 rote Paprikaschoten, in Stücke
geschnitten
200 ml Gemüsefond
je 4 Zweige glatte Petersilie und
Thymian, gehackt
Außerdem: Backpapier

Zubereitungszeit ca. 50 Minuten

1 Den Backofen auf 220 °C vorheizen. Ein Backblech mit Backpapier auslegen, die Kürbisspalten darauflegen. Im Ofen 15 – 20 Minuten garen. Abkühlen lassen; durch die Kartoffelpresse oder ein feines Sieb in eine Schüssel streichen.

2 Ricotta, Eier, Polentagrieß, Mehl, Parmesan, Salz, Pfeffer und Muskatblüte zufügen und alles zu einem Teig verarbeiten. Mit Zitronensaft abschmecken. Ist der Teig zu weich, noch etwas Mehl zugeben.

3 Reichlich leicht gesalzenes Wasser aufkochen. Aus dem Teig mit zwei angefeuchteten Esslöffeln portionsweise Gnocchi abstechen und diese im siedenden Wasser etwa 5 Minuten gar ziehen lassen. Dann herausnehmen, abtropfen lassen und warm stellen.

4 Für die Soße die Butter in einem Topf erhitzen, die Paprikastücke darin andünsten. Fond angießen und die Paprika zugedeckt in 10 Minuten weich kochen, anschließend mit dem Stabmixer fein pürieren. Mit Salz und Pfeffer abschmecken und mit den Kräutern verfeinern. Zu den Gnocchi servieren.

Gesundheitstipp

Kürbis und Mais enthalten den Pflanzenfarbstoff Lutein. Forschungsergebnisse weisen darauf hin, dass bei einer hohen Aufnahme von Karotinoiden, vor allem von Lutein, die Entwicklung der altersabhängigen Makuladegeneration (unscharfes Sehen durch Schädigung der Netzhautmitte) um bis zu 50 % gesenkt werden kann.

Kürbis-Maronen-Pfanne

4 PORTIONEN

1 Hokkaidokürbis (etwa 800 g)
2 Zwiebeln
4 EL Olivenöl
½ Bund Petersilie
400 g gegarte Maronen
(vakuumiert)
1 TL rosenscharfes Paprikapulver
Salz
frisch gemahlener schwarzer Pfeffer
200 g Joghurt

Zubereitungszeit ca. 30 Minuten

1 Den Kürbis waschen, abtrocknen und halbieren. Die Kerne samt anhängenden Fasern mit einem Esslöffel herausschaben.

2 Den Kürbis mit Schale in 2 cm dicke Spalten, dann quer in kleine Stücke schneiden. Die Zwiebeln schälen und fein würfeln.

3 In einer großen Pfanne das Öl erhitzen. Die Kürbiswürfel darin bei mittlerer Hitze unter Wenden in 10 Minuten goldbraun braten.

4 Inzwischen die Petersilie waschen und trocken schütteln, die Blätter abzupfen und hacken.

5 Die Zwiebelwürfel und die gegarten Maronen unter den Kürbis mischen und alles 3–4 Minuten unter gelegentlichem Wenden braten, bis die Zwiebeln glasig sind. Das Gericht mit Paprikapulver, Salz und Pfeffer würzen. Die Petersilie untermischen. Mit dem Joghurt servieren.

Kochtipp

Für eine italienische Variante das Paprikapulver durch 1 TL getrockneten Thymian ersetzen und das Gericht nicht mit Joghurt servieren, sondern mit 50 g in Späne gehobeltem, italienischem Hartkäse (z. B. Parmesan oder Grana Padano) bestreuen.

Kürbis–Mais–Gratin

4 PORTIONEN

900 g Butternut-Kürbis, längs
halbiert, entkernt und geschält
1 mittelgroße rote Zwiebel, halbiert
und dünn geschnitten
350 g TK-Maiskörner
2 ¼ TL Olivenöl
¾ TL Salz
75 g Parmesan, frisch gerieben

Zubereitungszeit ca. 60 Minuten

1 Den Backofen auf 200 °C vorheizen. Den Kürbis längs vierteln und dann in etwa 3 cm dicke Stücke schneiden. Mit Zwiebeln, Maiskörnern, Öl und Salz in einer großen Schüssel vermischen.

2 Das Gemüse in eine etwa 22 x 33 cm große hitzefeste Form geben und etwa 40 Minuten backen, bis der Kürbis weich ist. Dabei das Gemüse nach der Hälfte der Zeit (20 Minuten) einmal durchrühren.

3 Den Parmesan über den Kürbis streuen und weitere 5 Minuten backen, bis der Käse geschmolzen und goldbraun ist.

Gesundheitstipp

In Butternut-Kürbis und Mais stecken
lösliche Ballaststoffe, die verhindern, dass das (schlechte)
LDL-Cholesterin vom Blut aufgenommen wird.

Kürbis und weiße Bohnen auf marokkanische Art

4 PORTIONEN

600 ml Gemüsebrühe
½ TL Kurkuma
½ TL gemahlener Koriander
1 Prise gemahlener Kreuzkümmel
200 g Lauch, längs halbiert und in
Scheiben geschnitten
250 g Pastinaken, in 1 cm große
Würfel geschnitten
600 g Kürbisfleisch, in 1 cm große
Würfel geschnitten
400 g gelbe oder grüne Zucchini,
in Scheiben geschnitten
1 rote Paprikaschote, geputzt und in
kleine Stücke geschnitten
100 g gehackte getrocknete
Aprikosen
1 Dose Limabohnen (etwa 400 g),
abgetropft und abgespült
1 Prise Chiliflocken, nach Belieben
Salz
frisch gemahlener schwarzer Pfeffer
Zum Garnieren:
30 g Pinienkerne
gehackte Petersilie oder gehacktes
Koriandergrün

Zubereitungszeit ca. 50 Minuten

1 Die Gemüsebrühe in einem Topf aufkochen. Kurkuma, Koriander und Kreuzkümmel hineingeben. Lauch und Pastinaken zufügen. Alles erneut aufkochen, dann bei mittlerer Hitze zugedeckt 5 Minuten köcheln lassen.

2 Kürbis, Zucchini und Paprikastücke zugeben und die Brühe erneut aufkochen lassen. Aprikosen, Bohnen und Chiliflocken nach Belieben zugeben. Alles mit Salz und Pfeffer würzen. Zugedeckt bei mittlerer Hitze 10 Minuten köcheln lassen.

3 Inzwischen die Pinienkerne in einer beschichteten Pfanne unter ständigem Rühren anrösten, bis sie braun werden und zu duften beginnen. Die Pinienkerne auf ein Schneidbrett schütten und grob hacken.

4 Den Eintopf abschmecken und auf vier tiefe Teller verteilen. Mit Pinienkernen und Petersilie oder Koriandergrün bestreuen und servieren.

Gesundheitstipp

Kürbis liefert reichlich Betacarotin und andere Karotinoide. Die Kerne können Sie aufheben, rösten und als Knabberei reichen: Sie enthalten Eiweiß und Zink.

Rustikale Frittata

4 PORTIONEN

2 EL Olivenöl
3 Stangen Lauch, in Scheiben geschnitten
½ Butternut-Kürbis (etwa 500 g), Fruchtfleisch in kleine Würfel geschnitten
2 EL Pinienkerne
8 Eier
125 g Sahne
3 EL geriebener Parmesan
2 Salbeiblätter, in Streifen geschnitten, oder etwa
1 EL Schnittlauchröllchen

Zubereitungszeit ca. 35 Minuten

1 Das Olivenöl in einer gusseisernen oder beschichteten Pfanne bei mittlerer Hitze heiß werden lassen. Lauch und Kürbis zugeben und 10 Minuten unter häufigem Rühren garen, bis alles knapp weich ist, dann die Pinienkerne untermischen.

2 In der Zwischenzeit die Eier in eine große Schüssel aufschlagen. Sahne, Parmesan und Salbei bzw. Schnittlauch sowie Salz und Pfeffer zufügen und alles mit einer Gabel gründlich verquirlen. Das gegarte Gemüse unterrühren und die Mischung in die Pfanne geben. Die Eier bei sehr schwacher Hitze in 4–5 Minuten stocken lassen. Inzwischen den Backofengrill auf höchster Stufe vorheizen.

3 Die Pfanne für 2–3 Minuten unter den Grill stellen, bis die Frittata aufgegangen und goldbraun ist. Die Frittata heiß oder lauwarm servieren; vor dem Servieren in Tortenstücke schneiden.

Kochtipp

Ganze Kürbisse können Sie an einem möglichst dunklen, kühlen Ort mehrere Wochen aufbewahren. Angeschnittene Kürbisse halten sich im Kühlschrank etwa eine Woche. Kürbisse lassen sich auch hervorragend einfrieren – ideal geeignet sind vorgegarte Stücke.

Kürbislasagne mit Pak Choi und Soja

FÜR 1 LASAGNEFORM
(26 × 19 cm)

1 kleiner Hokkaidokürbis (600 g)
3 EL Olivenöl, mehr für die Form
Salz
frisch gemahlener schwarzer Pfeffer
1 Knoblauchzehe
50 g feine Soja-Schnetzel (Bioregal
im Supermarkt oder Reformhaus)
200 g Tomaten, in Stücken
1 TL gehackter Thymian
300 g Pak Choi (ersatzweise Spinat,
Wirsing oder Grünkohl)
400 ml Gemüsebrühe
2 EL Butter
2 EL Mehl oder Speisestärke
40 g Parmesan, gerieben
Paprikapulver
frisch geriebene Muskatnuss
150 g Lasagneblätter
(nicht vorgekocht)
2 EL gehackte Kürbiskerne

Zubereitungszeit ca. 40 Minuten

1 Den Backofen auf 180 °C vorheizen. Den Kürbis schälen, entkernen und in kleine Stücke schneiden. Diese auf einem Backblech verteilen; mit 1 EL Öl beträufeln, salzen und pfeffern. Im heißen Ofen etwa 30 Minuten garen, bis die Kürbisstücke weich sind und zu bräunen beginnen. Gleichzeitig für die Tomatensoße Knoblauch schälen und zerkleinern. In einer Pfanne 1 EL Öl erhitzen. Knoblauch darin andünsten. Soja-Schnetzel dazugeben und mitdünsten. Tomaten, Thymian und ½ Tasse Wasser (80 ml) dazugeben; alles 20 Minuten köcheln lassen; salzen und pfeffern.

2 Pak Choi putzen, waschen und in feine Streifen schneiden. Restliches Öl (1 EL) in einem Topf erhitzen. Kohl darin andünsten, Gemüsebrühe dazugießen und das Gemüse 15 Minuten garen. In ein Sieb gießen, die Flüssigkeit auffangen.

3 Aus Butter, Mehl oder Stärke und 300 ml Kochflüssigkeit eine Béchamelsoße zubereiten. Die Hälfte des Parmesans in die Soße rühren. Köcheln lassen, bis die Soße andickt. Falls nötig, noch etwas Brühe unterrühren. Mit Salz, Pfeffer, Paprikapulver und Muskat abschmecken.

4 Die Form fetten. Kürbis, Lasagneblätter, Kohl, Tomaten und Béchamelsoße hineinschichten. Mit einer Lage Lasagneblätter und Béchamelsoße abschließen. Mit restlichem Parmesan und den Kürbiskernen bestreuen. Im heißen Ofen etwa 30 Minuten garen.

Tagliatelle mit Wildschwein und Kürbis

4 PORTIONEN

400 g Tagliatelle (Bandnudeln)
Salz
½ Hokkaidokürbis (etwa 300 g)
2 Knoblauchzehen
400 g Wildschweinfleisch
(aus Nacken, Rücken oder Keule)
2 EL Olivenöl
350 g Sahne
1 TL Fenchelsamen
frisch gemahlener schwarzer Pfeffer
Basilikum zum Garnieren

Zubereitungszeit ca. 25 Minuten

1 Die Tagliatelle in reichlich kochendes Salzwasser geben und nach Packungsangabe bissfest garen.

2 Inzwischen die Kürbishälfte waschen, entkernen und in etwa 1 cm große Würfel schneiden. Den Knoblauch schälen und in Scheiben schneiden.

3 Das Wildschweinfleisch trocken tupfen und in kleine Würfel schneiden. Das Olivenöl in einer großen Pfanne erhitzen und das Fleisch darin bei starker Hitze etwa 2 Minuten unter Wenden braten. Kürbis und Knoblauch dazugeben und alles weitere 2 Minuten braten.

4 Die Sahne dazugießen und aufkochen lassen. Mit Fenchelsamen, Salz und Pfeffer würzen und die Soße offen 5 Minuten köcheln lassen.

5 Die Nudeln in ein Sieb abgießen und abtropfen lassen. Zurück in den Topf geben und mit der Soße mischen. Das Gericht mit Salz und Pfeffer abschmecken, auf vier Teller verteilen, mit Basilikum garnieren und servieren.

Hirsepfanne mit Fisch und Kürbis

4 PORTIONEN

30 g Muskatkürbis
200 g Hirse
500 ml Gemüsebrühe
400 g Rotbarsch- oder Kabeljaufilet
1 TL Kurkuma
Salz
1 Bund Frühlingszwiebeln
1 Knoblauchzehe
2 EL Öl
1 EL Butter
1 EL schwarze Senfkörner
1–2 TL gelbe Thai-Currypaste
frisch gemahlener schwarzer Pfeffer

Zubereitungszeit ca. 30 Minuten

1 Den Kürbis schälen und entkernen. Das Fruchtfleisch in etwa 1 cm große Würfel schneiden. Die Hirse in einem Sieb waschen.

2 Die Brühe mit Kürbis und Hirse in einem Topf aufkochen lassen und die Hirse zugedeckt bei schwacher Hitze in 12–15 Minuten ausquellen, dann offen etwas abkühlen lassen.

3 Inzwischen das Fischfilet trocken tupfen und in etwa 2 cm große Stücke schneiden. Mit Kurkuma und 1 TL Salz bestreuen. Frühlingszwiebeln waschen, putzen und in feine Ringe schneiden. Knoblauch schälen und fein hacken.

4 Öl und Butter in einer großen Pfanne erhitzen. Die Fischstücke darin 3–4 Minuten bei mittlerer Hitze braten; herausnehmen und warm stellen.

5 Frühlingszwiebeln und Knoblauch im verbliebenen Bratfett etwa 2 Minuten braten. Anschließend Senfkörner, Currypaste und Hirse samt Kürbiswürfeln hinzufügen; bei mittlerer Hitze alles unter vorsichtigem Wenden etwa 3 Minuten braten. Die Fischwürfel unterheben, das Gericht mit Salz und Pfeffer abschmecken und servieren.

Register

Einleitung
Reader's Digest

Reader's Digest
Redaktion: Falko Spiller
Grafik und Prepress: Klaus Eitel
Bildredaktion: Sabine Schlumberger

Redaktionsdirektor: Michael Kallinger
Redaktionsleiterin Buch: Almuth Stiefvater
Art Director: Susanne Hauser

Produktion
Arvato Supply Chain Solutions SE, Thomas Kurz

Druck und Binden
Neografia, Martin

© 2023 Reader's Digest Deutschland, Schweiz, Österreich
Verlag Das Beste GmbH, Stuttgart, Appenzell, Wien

Printed in Slovakia
ISBN 978-3-96211-035-2

Bildnachweis
Alle Abbildungen von Reader's Digest, außer
Umschlagvorderseite und Klappen: iStock;
Seiten 4 – 9, 10/11, 62/63, 108/109: Shutterstock.com

Besuchen Sie uns im Internet
www.readersdigest.de | www.readersdigest.at